Money 錢

Money 錢

Money錢

給理財小白的
翻身筆記

2年從負債75萬到資產300萬，
ETF 讓我走在財務自由路上

鐵蛋 著

金尉出版　Money錢

目錄

| 序 | 人生很難，但你不能爛！ | 006 |

Part 1 練成鐵蛋
從負債到累積 300 萬元資產

01	拒絕躺平 從白煮蛋開始修練	012
02	有裂痕的茶葉蛋最香 蛋的奮鬥	021
03	投資期貨、當沖失敗 差點完蛋的教訓	037
04	一年 365 天都是鐵打的 外送斜槓人生	051
05	鐵蛋愛分享 自媒體的挑戰與機會	062
06	30 歲 300 萬元 本蛋做得到你也可以	076

蛋窮志不窮
鐵蛋的理財哲學

07	鐵蛋的財務檢查 讓資產變健康	086
08	理財先理債 砍掉「食錢花」	097
09	從消費者心態 轉變為投資者思維	105
10	設立財務目標 算出你的夢想數字	113
11	富蛋心態 別在年輕時躺平	131

Part 3 開源節流、增加財富
鐵蛋的生財妙計

- ⑫ 鐵蛋的開源大法
  擴增多元收入　　　　144

- ⑬ 鐵蛋的節流大法
  存下來才算數　　　　154

- ⑭ 錢不能只存銀行
  啟動複利引擎　　　　163

善用工具
鐵蛋的投資理財百寶箱

15	投資 3 元素： 本金、時間、報酬率	176
16	鐵蛋的投資組合 讓錢為你工作	186
17	鐵蛋的槓桿大法 財富成長雙面刃	228
18	鐵蛋的紀律 定期檢視財務狀況	242
19	鐵蛋的夢想板 讓宇宙聽見你的渴望	258
20	不經一番煎熬苦 焉得鐵蛋撲鼻香	270

人生很難，
但你不能爛！

打開數位帳戶，我愣愣地盯著戶頭裡那可憐的 3 位數，心裡一片空白，我怎麼會把自己活成這副德行？那一年，我 27 歲，負債纏身，存款歸零，人生跌到谷底。身邊同齡朋友開始買房、結婚、生子，而我卻連生活都無以為繼。

當時根本無法想像，有一天我會成為分享理財故事的人。回想這些年從負債累累到累積 300 萬元資產的旅程，當初每個看似不起眼的決定，都成為我生命中的轉

捩點。我決定寫下這本書，不是因為有什麼神奇的方法能讓你一夜暴富，而是因為我相信，透過分享真實故事、實際經驗與行動步驟，就算生活再難，每個人都有機會打造屬於自己的理想人生。

本書的每個篇章裡，我都分享了自身真實、血淚交織的經驗，從面對負債到開始學習投資理財；從轉換職涯，到開源節流與創造多元收入，都是我每一步親自走出的路。我在每章結尾特別加入了「行動指南」，目的就是希望你不只是閱讀，更能邊讀邊做，讓人生有一點點改變。

從負債那天起，我強迫自己每天記帳，逼自己看清楚到底錢花到哪裡去。一開始很痛苦，甚至有種不敢面對的恐懼，但慢慢地，我開始習慣掌控金錢，而非被金錢掌控。我學習設定清晰的財務目標，規律地存下錢來投資，雖然過程中難免有挫折與失敗，但我堅持落實每一個小行動，最終累積成今天的成果。

我曾經以為理財就是賺大錢，但這幾年的經歷讓我深刻體悟，真正重要的是人如何與金錢相處，如何透過

給理財小白的翻身筆記

理財帶給自己安定感與真正的幸福感。每次回頭看自己走過的路，都覺得不可思議，也因此更相信每個人都有改變自己財務狀況的力量。

　　書中，我毫無保留地分享自己從最糟糕的狀態一步步走向財務穩定的真實過程，包括當初因為投機心態而賠掉大半資金的失敗教訓，也包括如何發現適合自己個性的投資方式，從而慢慢建立穩健而持續的被動收入。

　　我希望透過這本書讓你知道，理財的關鍵，絕對不是等到錢賺夠了才開始，而是從你願意踏出第一步的這一刻起。你不需要有家財萬貫的背景，也不需要特別聰明的頭腦，你只需要每天堅持做一點點，持續紀律地行動，最終你將能看到人生的改變。

　　我知道人生很難，我也曾經覺得難到無法呼吸，覺得生活只是個無止盡的黑洞。但我真心地告訴你，無論你此刻過得多麼艱辛，一定有辦法找到出路。每個小小的行動，終會累積成你人生的巨大轉折，無論你是理財新手，還是正處於財務困境，我希望這本書能陪伴與鼓勵你，請你相信，堅持到底的你，終將鐵打不爛。

人生之路雖然難行，但每一步都不會白費。現在，讓我們一起翻開下一頁吧！

鐵蛋

2025 年 5 月

從初出社會到投資負債，重新起步，
透過財務槓桿累積 300 萬元資產，看白煮蛋如何練成鐵蛋。

Part 1

練成鐵蛋
- 從負債到累積 300 萬元資產 -

01

拒絕躺平
從白煮蛋開始修練

　　大家好,你的鐵蛋又來了。這句話,可能你已經在我的 Instagram 貼文裡看過無數次,是鐵蛋的招牌開場。但如果時間倒轉幾年,那時的我,根本不敢稱自己是「鐵蛋」,頂多是顆「白煮蛋」。

　　為什麼是白煮蛋?白煮蛋沒有調味,單純又平凡,這樣的形容,放在過去的我身上剛剛好。本蛋非常幸運,生在小康家庭,從小衣食無缺,沒有為錢煩惱過。從小到大,「錢」對我而言沒有特別的意義,就是能換

到想要的東西，只要開口要，基本上就有，像呼吸一樣自然，從沒想過哪天會少了它而窒息。

一帆風順 對金錢毫無概念

　　鐵蛋的求學之路也是一帆風順，從小學、國中、高中到大學，一路順利。父母都會盡量滿足我的要求，甚至供給我去歐洲當交換學生1年。

　　出國那天，鐵蛋爸在機場說的一段話，我至今難忘，「爸爸出錢讓妳去體驗人生，不要浪費這一年的時間，該玩的就去玩，該花的錢就花。」聽到這句話，我眼淚當場飆出來，這也是我第一次看到他紅了眼眶（還是爸爸在為他的錢包哭泣？）。

　　我當時體會到，原來，愛可以如此濃烈，甚至難以用文字形容。可以說，我是爸媽的小公主，在他們的呵護下長大，沒吃過什麼苦，是顆幾乎沒有社會歷練的「白煮蛋」。當時對金錢的概念，可以用一句話形容：沒有概念。

　　過去的鐵蛋，完完全全是一枚小白，不曾記帳，不

給理財小白的翻身筆記

會理財,更別談投資了。還好我的購物慾望不是很大,偶爾才會想買稍微貴一點的東西,比如 3C 產品;對餐廳也沒有特別的要求,1 年去慶祝幾次就夠了。

小時候,我對金錢的概念很模糊。家裡給的零用錢足夠日常開銷,爸媽沒逼我要學理財或儲蓄,而是讓我自己體會金錢的價值。這樣的環境,讓我在成年後很長一段時間都覺得「賺多少,花多少」是很自然的事情,沒想過金錢是需要好好規劃的。

至於家人的金錢觀,鐵蛋爸是白手起家的商人,節儉但不吝嗇。他對金錢的態度相當務實,也以身作則,不會衝動性購物,但該花的投資不手軟,相信賺錢要腳踏實地;或許是經歷過股災的震撼教育,所以他不碰股票,只買房地產。對過去的我來說,房地產是搆不著的天方夜譚,所以理財這件事我沒放在心上。

父母時不時會問我有沒有存錢,偶爾會有這種訓話:「永遠不知道什麼時候會有突發狀況,錢要留一點在身上。」當時的我聽不進去,覺得人生哪有那麼多意外,哪需要特別存錢啊!

大學畢業後,我選了一條最安穩的路,找了一份朝九晚六還供午餐的行政職。每天醒來都像是按下重播鍵,一樣的生活、一樣的路線、一樣的早餐,窗外的陽光似乎也一成不變,無聊極了。就這樣,每天按表操課,領著不多不少的死薪水,沒有長遠的規劃,腦海裡沒出現過「讓自己變得更好」的念頭。

我在開銷上唯一的堅持,大概就是 1 年一定要出國 2 次吧!我天生就喜歡冒險,旅行給了我自由與興奮感,可能是那種不確定性,不知道下一秒會發生什麼事的刺激,才能讓我覺得真正地活著。那時的我把「及時行樂」當成人生座右銘,賺多少就花多少,對未來一點都不擔心。

及時行樂 裸辭赴歐洲 3 個月

然後,我做了一個大膽的決定 —— 裸辭去歐洲 3 個月。

離職那天,我興奮得像大考結束、終於放假的學生,迫不及待地踏上旅程。在歐洲的日子,每天都是

給理財小白的翻身筆記

嶄新的冒險，每天都期待著今天會遇到什麼樣的人？會看見什麼風景？會不會在轉角遇到什麼新奇的故事與碰撞？

這趟旅程帶給我無比的快樂。有一天，我漫步在浪漫的巴黎街頭，隨意找了一間轉角咖啡館，選了陽台座位，點了一杯熱卡布奇諾，我靜靜地觀察來來往往的行人，發現走在巴黎街頭的人們臉上都帶著淡淡的微笑，彷彿對生活充滿期待與滿足。

不知道他們的生活有多美好啊！連走在街上也藏不住內心的喜悅。那我呢？走在家鄉街頭，我也有這種喜悅嗎？我問自己，難道只有在異鄉，我才能感受到生活的美好嗎？為什麼在家鄉，我無法找到這種滿足？

也許，這就是旅行的美妙之處吧，讓我能短暫抽離一成不變的現實生活。我沉浸在旅行生活的美好感受裡，這讓我越來越逃避現實。

夢醒時分 現實賞了我一巴掌

旅程結束，夢醒的那一刻最痛。隨著返國的日子越

來越近,我的存款也逐漸見底。飛機降落的那一瞬間,現實結實地賞了我一記巴掌,把我從歐洲的自由與浪漫天堂,打回台灣的柴米油鹽人間。

回國的第一週,我像斷電的機器人,身體回來了,心還留在歐洲街頭。帳戶裡的餘額歸零,毫不留情地提醒我:該工作了。

幸好,我一直是個幸運的人,這時前老闆打電話來問我要不要回去上班。我想了想,反正對下一步該怎麼走還沒頭緒,那就先走眼前這一步吧。就這樣,從歐洲回國後,又重啟熟悉的朝九晚六生活,雖然有些無聊,但也穩定。

這樣的日子,持續了好一段時間。每天上班只是在等下班,日復一日,工作像複製貼上一樣無聊乏味,沒有成就感,也看不到目標。那時的我常常想,我還這麼年輕,難道這就是我要過一輩子的生活嗎?

現在回頭看,那段時間就像一場無意識的漂流,眼睛睜著,心卻是封閉的。日子每天在過,卻什麼也沒感受到。

迎來變數 首度為人生主動出擊

不過，人生總會面臨突如其來的轉折。

那天，就像天時地利人和全部湊齊，我百無聊賴地滑著手機，一則「外語領隊招考」的資訊突然映入眼簾。我點進去，看著報名簡章，腦中立刻浮現在歐洲生活的回憶，那些自由奔放的片段，瞬間點燃我心中的旅遊魂。

我沒多想就報名了。填完報名表、按下繳費按鈕的那一刻，手心都是汗，心跳快到不行。這對我來說不只是報名一場考試，而是我生平第一次，主動為未來做出選擇。手續完成後，我坐在電腦前愣了好久，內心湧上一股從未有過的勇氣與悸動。回神後，我立刻上網訂了參考書和題庫，決定從隔天開始，每天下班後都要進修、準備考試，我不想再當那個被日子推著走的人了。

考試，是我給自己的一次機會。也許是考運好，也或許是臨時抱佛腳感動了神明，我第一次報考外語領隊就順利上榜。那一刻，我真的覺得這是老天給我的神諭吧！既然工作無法帶給我更多成長，那麼，考上外語領隊就是我翻轉人生的轉捩點。這一次，我不再等機會從

天而降，而是選擇主動出擊。我做了人生中的第二個大膽決定──從零開始，轉行進入旅遊業！

蛻變起點 生活有了想前進的方向

回顧過去那段「白煮蛋時期」的我，日子過得平順，生活如水煮般平淡無味，雖然安穩、單純，但「我」沒有溫度、沒有形狀，也沒有方向。

現在的我，還在學習、摸索，但已經不是那個任由環境推著走的小白。我開始學會規劃，為未來布局，也開始明白==金錢、成長、選擇權，這 3 樣東西是我人生中最值得追求擁有的底氣==。

> 💬 **鐵蛋心底話**
>
> 有句話叫做「先上車，後補票」，指事情先做了，再來補足程序，鐵蛋則把這句話延伸詮釋為「行動永遠比站著觀望還重要」。在舒適圈也許可以很舒適，但也僅止於舒適，甚至無聊。跨出舒適圈，擁抱變化，才能開展自己真正想過的生活。

給理財小白的翻身筆記

拒絕躺平,不是為了成為億萬富豪,而是因為我想對自己的未來負責,讓自己更強大,給自己最大的安全感。

這條從「白煮蛋」修練成「鐵蛋」的路,就這麼開始。我知道,踏上這條路後,我不會再回到渾渾噩噩的狀態了。

你的鐵蛋,正在修練中。

🧭 行動指南

跨出舒適圈

- 寫下目前你生活中感覺最舒適的 3 件事。
- 找出 1 件你一直想做卻沒勇氣嘗試的事,列出踏出第一步的具體行動。
- 在未來 1 週內完成第一步行動,記錄你的感受。

有裂痕的茶葉蛋最香
蛋的奮鬥

　　茶葉蛋之所以入味，是因為有裂痕，滷汁才能滲透進去。我這顆「鐵蛋」，也是從白煮蛋開始轉化，一道道裂痕就是我慢慢成長、慢慢變硬的痕跡。

轉職／從零開始磨練

　　懷抱著「玩遍世界」的理想，剛拿到外語領隊證書的我滿心期待，以為一踏進旅行社就能帶團飛出國，結果現實很快給我一個大寫的 NO。

給理財小白的翻身筆記

要想正式執業,得先參加觀光領隊協會的職前訓練,通過課程和考核,才能真正成為一名合格領隊。訓練費用要 5,000 元,對當時的我來說是一筆不小的負擔。我猶豫了——萬一沒通過考核,這筆錢不就白花了?但轉念一想,連最難的證照考試我都考過了,怎麼可能會敗在訓練課?於是,我一咬牙就報了名。

記得我向鐵蛋媽碎念「也太貴了吧」,她只是淡淡地回:「這是必要的投資,以後一團就賺回來了。」現在回想,真佩服媽媽那份務實又篤定的智慧,知道什麼時候該花錢投資自己。

接下來的日子,我一邊上為期 1 個月的職前訓練課,一邊寫報告、準備口試,最終,我順利通過所有關卡,拿到人生第一張執照——外語領隊證。這段過程當然辛苦,但我記得那時候的自己眼神是發著光的。原來,做著自己真正認同的事,辛苦都如此有意義。

拿到這張證照,我開始在 104 人力銀行網站上投遞履歷,期待展開我的旅遊人生。不過,人生不會總是順風順水——就像多數人一樣,我的求職之路,也是曲曲

折折,撞得滿頭包。

誠實╱我不是爛草莓

經過好幾場面試,我最後選擇了一家老字號旅行社,職位是「線控助理」,起薪 22,000 元,試用期 3 個月後調薪,滿半年就有機會帶團。我問自己:能不能忍受領 6 個月的低薪,只為了離夢想近一點?

思考了一晚,我決定試試看,但才剛開始,就認知到現實與想像的落差太大。上班第一天,我明顯地感到不適應,整天的工作就是輸入護照資料,流程重複又枯燥;辦公室氛圍壓抑沉悶,沒有一點旅行的熱情與想像中的活力。

那一刻,我很清楚:這,真的不是我要的。下班回家的路上,我陷入天人交戰。

一個聲音說:「才 1 天就想放棄,會不會太快?」另一個更堅定的聲音則說:「如果連 1 天都撐不下去,又何必委屈自己撐半年、撐一輩子?」

回到家,我忍不住對當時的男朋友傾訴,一邊說一

邊哭。那是我第一次，因為工作、因為生活，哭得那麼慘烈。一向隨遇而安的我，第一次產生這麼大的反彈，男友馬上察覺到我的異樣，他聽我說完，只問了一個問題：「如果明天照常去上班，妳真的會快樂嗎？」

答案隨即浮現。隔天，我帶著平靜的心情走進辦公室，親自向總經理表達離職的決定。他沒有勸留，只點頭表示同意，就這樣，旅遊業的第一份工作，我只上了1天班。

我算是爛草莓嗎？我不這麼想。我只是尊重自己的感受，而這正是我人生第一次學會勇敢承認「我不適合」，並及時止損。好多人面對同樣的處境，會選擇屈

鐵蛋心底話

果斷從錯誤的路折返，是對自己最誠實、也最勇敢的選擇。與其把時間耗在讓自己不快樂的事情上，不如勇敢轉彎，去做那些真正會讓你發光的事。就像蘋果創辦人史蒂夫‧賈伯斯說的，「你的時間有限，別浪費在過別人的人生。」

就或安逸，忽略內心的聲音，但我認為，忍耐這種美德，絕對不該浪費在不適合的工作上。

磨練／跑業務讓我變強

離開不適合的工作後，我重新啟動求職之路。這一次我聽從朋友建議，投了一家在業界口碑不錯、福利相對優渥的公司。當看到對方開出的條件，我更加篤定當初果斷離職是對的決定。

這家公司向來以「新人帶團機會多」聞名，雖然應徵的職位是我曾經抗拒的「業務」，但我還是硬著頭皮說了 Yes。我安慰自己，轉個念頭，也許會喜歡上這份工作。就這樣，我的旅遊業生涯，從什麼都不懂的菜鳥「同業業務」開始起步。

業務工作，是截然不同的修練。每天的工作內容，就是背行程、畫歐洲地圖、拜訪各大旅行社、學習旅遊業的眉眉角角，練習應對進退、快速反應。這也是我首度真正面對「客戶」。

我人生第一份工作是內勤，只需要和同事打交道；

當業務的我,得獨自站上第一線,直接面對形形色色的各種人。記得第一次跟著前輩出門拜訪時,他只叮嚀我兩句:「做業務最重要的,就是兩件事:一、不要怕被拒絕;二、自律。」

關於「不要怕被拒絕」,我很快就有了深刻體會。

我學會了主動開口、學會了裝熟寒暄,也學會收到冷漠回應時仍保有熱情。有一次,我滿懷熱忱地走進一間旅行社,鼓起勇氣大聲說:「嗨,××旅行社你好,我來發DM。」對方連頭都沒抬,冷冷地說:「DM放桌上就好。」

當下我有點尷尬,心裡OS:哇~我現在該怎樣?好想找洞鑽喔!鐵蛋如果一碰就碎,那還叫什麼鐵蛋?我很快就釋懷。我想啊,客戶一次不理你,那我就再來第二次、第三次,總有一天,會遇到客戶心情好的時候,願意跟我聊幾句。

這段業務的經歷雖然辛苦,卻讓我從一顆「外表堅強、內心玻璃」的半熟蛋,逐漸生出不怕被拒絕的厚臉皮與行動力。我同時也明白一件事:**能力,是在一次次**

突破中練出來的；自信，是在每一次打擊中慢慢長出來的。

除了培養不怕被拒絕的勇氣，我覺得，**當業務還需要一項重要能力：耐得住罵**。關於這項能力，我印象最深的一次，是接到一通某位與老闆非常熟的客戶電話。對方語氣強硬，絲毫不給我解釋機會，劈頭就指責我沒有用心去談價格，咄咄逼人。電話掛上那一刻，我眼眶泛紅，眼淚啪搭啪搭落下。

那一瞬間我明白了，工作不只是磨練專業，更多時候是在磨情商，必須學會調適自我、學會轉念，才能在情緒風暴中繼續前進。只有穩住自己，工作與生活才有辦法保持平衡。

再來說說前輩叮嚀的第二點：自律。

業務不像內勤，沒人會告訴你現在該做什麼，要去哪裡，我後來的自律，就是當業務時期培養來的。不像過去朝九晚六坐在辦公室，業務的大半時間都在外面跑。有的人努力跑旅行社，有的人跑⋯⋯咖啡廳（笑）。沒人監督，如何度過一天，全看自身選擇。所以，業務

真的非常需要自我管理。

奇妙的是，業務跑著跑著，我居然真的跑出一點樂趣了。真正的轉捩點，是我憑藉自己的專業，成功接下一組要去歐洲的招待團。雖然過程無比辛苦，但當那筆價值 300 萬元的大案子敲定時，內心的成就感無與倫比，第一次體會到**原來我做得到！**

從一開始的膽怯，到後來能自信地與客戶對話，甚至摸索出用溫和方式化解對方的不滿，連我自己都驚訝，原本那麼排斥業務工作的我，竟然開始感受到這份工作的魅力。

除了工作內容的 180 度轉變，旅遊業的節奏，也顛覆了我原本的生活步調。為了服務客戶，下班時間還是會回訊息，有時客戶在國外有突發狀況，大半夜傳訊息求助，也得立刻處理。工作與生活的界線，早已模糊不清。我一度感到不適應，甚至開始懷疑：**這真的是我想要的生活嗎？**

但人生就是這樣。苦，得先來；甜，才會顯得特別珍貴，而那份甜蜜，終於降臨──我，終於要帶團了！

收穫╱賺錢原來是這種感覺

熬過一開始的磨練期,我終於慢慢上手,逐漸體會到業務工作的甜頭。因為我,不再是只能領死薪水的上班族啦!我成了有業績獎金的人,每一分努力,都能兌換為成果。薪水跟著業績浮動,雖然談不上大富大貴,但比過去穩定卻有限的薪資好上太多太多了。

然後,經過3、4個月的菜鳥集訓,終於,我迎來人生的第一團——長江三峽8日遊。這8天,我帶著一群叔叔阿姨,沿著長江走訪沒去過的中國城市,吃吃喝喝、走走拍拍,感受與台灣家鄉截然不同的風土人情與生活節奏。那種「邊旅行、邊工作」的感覺,讓我每天雖然工時超過10小時,卻一點也不覺得累。

原來,當你做著喜歡的事,再忙再累都甘之如飴。
而讓我最驚喜的,是帶團結束後的第一份酬勞。領隊收入來自團員給的小費,雖然要和司機、導遊分潤,但當我結算8天的小費收入時,真的嚇了一跳,天啊,這竟然是我以前正職半個月的薪水吔!那一刻,我第一次真切地感受到「原來,賺錢的感覺,是這樣啊!」那不只

給理財小白的翻身筆記

是金錢上的滿足,更是努力被看見的回報。

開始帶團之後,我越來越愛這份工作,不只是因為收入變多了,更重要的是:努力終於有了意義。我最感動的,是團員機場臨別時的那句話:「謝謝妳,鐵蛋,這趟旅行真的很精彩,下次我們還要跟妳的團出去玩!」這句話,對我比任何獎金都有份量。它讓我知道,我做的不只是安排旅行,更是在為別人創造快樂。原來,帶著一群人一起感受世界的美好,是一件這麼好玩又有價值的事。

從開始有意識地轉職、投資自己之後,我最有感的改變,就是收入。

原本的行政職年薪大約 40 萬元,轉職後,我的年薪成長接近 100%。業務領隊的薪資結構是「基本底薪+業績獎金+帶團小費」,只要夠努力,就有實實在在的回報。說真的,這在我還沒轉職前,根本想都沒想過。

以前聽過一句話「做自己喜歡的工作,成功就會隨之而來」,過去只覺得是心靈雞湯,沒想到我有一天會成為這句話的見證者。而這一切功勞,百分之百來自我

自己,是我願意跳脫舒適圈,承擔轉職帶來的未知與不安,硬著頭皮往前走,得到了這樣的成果。所以我完全認同股神巴菲特說的那句話:「最好的投資,就是投資自己。」就算現在的我已經具備基本的財商,我依然堅信:投資自己,始終是回報率最高的理財方式。

餘裕／有選擇權利、有財可理

隨著出團次數增加,帶團的地點也從中國、非洲,一路拓展到歐洲,我的錢包裡開始出現美元、歐元,各種外幣現鈔。那時候的我,還不太懂什麼是理財。但我開始進入新的狀態,生活開始有餘裕。

什麼是餘裕?就是走進超商時不再只看特價區,而是能買自己真正想吃的東西;餘裕,是朋友約聚餐時,不用再掙扎能不能負擔;餘裕,是當看見喜歡的東西,不用再跟自己討價還價。

簡單來說,**我開始擁有「選擇」的權利**。不是過得多奢華,而是可以依自己的喜好與價值觀,選擇怎麼過生活,也開始有財可理。我當時與理財最接近的一次經

驗,是某次從非洲帶團回國後,帶著一疊美鈔走進銀行準備存款,行員笑著建議:「小姐,要不要考慮外幣儲蓄險?利率比定存好多了喔!」

當時的我,對所有金融商品全然無知,行員說什麼,我就點頭。現在回想,那還真是膽子大,竟敢一口氣把整筆錢投進我完全不了解的商品。「嗯⋯⋯比定存好一點,那就買吧!」就這樣,半推半就之下的被動理財,我有了人生中第一筆理財商品。

說也奇妙,後來等我把現金花光光、戶頭快乾涸時,赫然想起還有這張儲蓄險保單默默守著,那一刻讓我體會到:啊,這大概就是<mark>儲蓄險真正的意義──保留那個還沒被你亂花掉的自己。</mark>

愉悅／彷彿踏上現金鋪成的地毯

隨著出團次數變多,收入越來越穩定,我開始有一種前所未有的感覺:「欸?我是不是⋯⋯變得滿有錢的?」走在路上都覺得腳底輕飄飄的,彷彿每一步都踏在現金鋪成的地毯上。這種成就感,是我在上一份工作

從未感受過的。

除了賺錢的快感,生活也逐漸解鎖了許多「以前想都不敢想」的體驗:我開始規劃自助旅行,不再住青年旅館,而是選擇有浴缸、早餐、景觀的高級飯店;每次出團回來,第一件事不是休息,而是安排按摩、高級餐廳,慰勞自己一番;看家人有喜歡想買的東西,我會闊氣地說:「這個喜歡?買啦,我出錢!」

當時真的過得很爽,爽到我完全沒察覺自己已悄悄落入「收入變高→花得更多」的迴圈。那時我並不覺得有什麼問題,甚至還理直氣壯地想:「反正再帶幾團,錢就回來了啊!現在賺錢又不是多難。」

重擊╱疫情讓一切戛然而止

2019 年,是我人生的高峰期。每兩個月就飛一次,不管是帶團還是自助旅行,我過著夢想中的自由生活。那時的我,一邊賺錢一邊環遊世界,覺得這輩子能這樣過,夠了。就在我確定旅遊業就是未來要深耕的方向時,一場誰也沒預料到的風暴,悄悄席捲而來——新冠

肺炎疫情開始蔓延。

2020年農曆新年，我帶團前往德國，滿心期待著嶄新的一年。行事曆上排滿了未來行程：2月去上海自助、3月參訪法國，還有更多團等著啟程。幾年來的努力，終於讓我在旅遊業站穩了腳步，我熱愛這份收入豐厚的夢幻工作，感覺「這就是我想做一輩子的事」，當時渾然不覺風暴已經逼近。

那趟德國之旅，團員開始在車上竊竊私語討論武漢的肺炎擴散新聞，我們還抱著僥倖心理笑談「不會影響到我們吧？」我也樂觀回應：「應該很快會控制住啦！」畢竟，SARS、H1N1，我們都撐過來了，哪次真的波及全球旅遊？

沒想到，那竟是我最後一次帶團。返台後，情勢急轉直下，新聞一條比一條驚人，航班大規模取消、邊境陸續封鎖、客戶群組訊息狂炸。「欸，這團還能出嗎？」、「客人問可不可以退費？」、「是不是再撐一下就好了？」

公司同仁都還相信，只要撐幾個月，應該就會恢復

正常了。直到某天週會，老闆語氣沉重地宣布：「政府下達禁團令，全面禁止組團出國，所有行程暫停，直到另行通知。」

全辦公室瞬間安靜。空氣像是被抽走一樣，所有人臉上滿是驚愕與茫然，「那……我們算失業了嗎？」我坐在位子上，腦中只剩一個念頭：不能帶團了，那我接下來該怎麼辦？

沒有團可帶的日子一天天過去，我才意識到，這場疫情不是短暫的烏雲——它是不知何時是盡頭的長夜。新冠疫情不只改變了全世界，也徹底改變了我的人生。

> **鐵蛋心底話**
>
> 新冠疫情讓我徹底明白一件事：這世上，沒有永遠穩定的工作。你以為的穩定，可能只是剛好運氣還沒用完而已。
>
> 從那之後，我告訴自己，手上一定要有 Plan B，心中要保有「空杯心態」，自己隨時要有所準備，才能在人生這條不確定的道路上走得更穩、更遠。因為這世界，唯一不變的真理就是：它一直都在改變。

🚩 行動指南

建立應變能力

- 列出 3 個你認為目前工作可能遇到的最壞情況。
- 針對每個情況,寫出具體的應變措施。
- 從這些措施中,選一個立即可以執行的小步驟,今天就開始行動。

03

投資期貨、當沖失敗 差點完蛋的教訓

新冠疫情就這樣封印了旅遊業，我原本忙碌不已的生活，頓時變成了日復一日的空白。

原本做境外旅遊的我，只好轉戰國內旅遊，但台灣就這麼大，再加上不如原本就做國旅的同業熟悉、專業，我能做的事情相當有限。每天上班，沒客人問團、沒行程規劃，整天窩在辦公室發呆，時間多到讓人不知所措。我每天自問「不能帶團，那我還能做什麼？」這問題，不斷在我腦海裡打轉。那段時間，我就像被打回

「混日子」的過去。

進場投資 抱住亂世中的浮木

就在這種空虛蔓延的時候,我發現同事們的話題開始改變了。「最近台股反彈了,你有進場抄底嗎?」、「今天台股又漲了幾百點吔!」整個辦公室不知何時變成了股市聊天室。大家一邊吃午餐,一邊熱烈討論漲停、跌停、成交量,好像誰都能成為下個巴菲特。也或許是當下日子真的太蒼白了,沒人約旅行,就一起進場炒股吧。

本來我只是聽聽,沒想到越聽心越癢。我喜歡學習新事物,看著同事每天眉飛色舞地聊哪支股票又漲了多少,哪支讓他們小賺一筆,我那種「不想被丟下」的心情也開始發酵了。

於是,我跑去券商開戶,上網查各種投資名詞,還去書局買了幾本小資投資入門的書回家啃。那時的我,彷彿在大海裡抓住了浮木──生活總算又有了重心,感覺真好!

等到戶頭開好，一切準備就緒，我開始鎖定人生的第一個「獵物」。書上說「KD 值低於 20 是超賣區，可以進場撿便宜」，我看著螢幕上的技術指標，左挑右選，最後選定了台灣大型 ETF 元大台灣 50（0050），當時價格是 73 元。

我鼓起勇氣按下「買進」鍵，食指還微微顫抖。我永遠記得那一刻，那是我第一次真正用自己的錢下場投資。既緊張又興奮，就像第一次跳進投資這條賽道，而我的投資人生，也就在那一刻展開了。

快速獲利 原來我是少年股神？

進場不到 1 週，我打開證券 App，赫然發現未實現損益那欄是一串紅色的 5 位數獲利數字。我愣住了。沒做什麼，證券戶裡竟然就多了 2 萬元！我還以為 App 當機，連續關掉重開 3 次，數字還是穩穩地躺在那裡。登時腦中冒出一個念頭：「上班一整個月薪水才多少？我這樣隨便點點，就賺超過以前的收入了？」這錢來得太快、太輕鬆了吧，比努力上班，簡直香太多了！

「站在風口上的豬也會飛。」這句話用來形容當時的台股市場，實在太貼切了。**那段時間的股市，可以說你只要會呼吸就能賺錢**。疫情發生後，市場迎來 V 型反彈，不管買什麼股票，幾乎都是一飛沖天，不只是漲，甚至連續漲停。待在股市裡的人像中了樂透，隨便分享一張對帳單，獲利都是幾萬、幾萬元在跳。我看著帳面數字，不禁想：「乾脆不要上班，在家炒股票就好，一夜致富有什麼難？少年股神，會不會就是我？」

　　從第 2 張單、第 3 張單開始，我越買越順手。手指點一點，按下買進，不久後帳上就冒出一筆獲利，這種賺錢的速度，是我以前想都不敢想的。而隨著鈔票大把大把進帳，我也在股市裡找回了被疫情奪走的事業成就感，於是，到了 2020 年 9 月，我做了一個大膽的決定：申請留職停薪，全心投入股票交易。

　　因為不用進辦公室，時間多了，我便把大部分精力都拿來研究股票，學習各種投資流派、技術指標、籌碼分析……還在線上自學平台 PPA 上報名技術分析課程，加入了一個協助釐清操作問題的學員群組。

有天,一位學員在群裡曬出自己的對帳單——幾乎每天都是 3 萬到 5 萬元的獲利,瞬間引起熱烈討論。

陷進迷幻泡泡 漸漸走火入魔

那時的我,完全陷入數字的迷幻泡泡裡。錢,對我來說只是帳上的一串數字,漲也好、賠也罷,都像遊戲裡的分數,毫無真實感。

看了幾天的對帳單,我鼓起勇氣私訊詢問那位學員。她熱心跟我分享,稱之所以每天能賺那麼多,是因為加了一個營業員的群組,每天開盤前,營業員會在群內提供明牌、支撐壓力區與進出場點位。

我沒多想,立刻問:「我也可以加入嗎?」

「可以啊,但前提是妳要在那家券商開戶。」她回。

我立刻開車直奔新竹,辦理開戶手續,就為了能進入這個看似提供財富密碼的群組。

剛加入的幾次交易,我真的有賺錢。前面幾筆小試身手,隨著每一單幾千、幾萬元獲利進帳,我越來越相信自己走對了路,信心也開始膨脹。有一天,我甚至因

為已達單日下單額度上限，打電話請營業員幫我調高額度。

那時的我，完全沒意識到自己正一步步走向失控。我做當沖，當沖世界裡沒有讓人思考的時間，容不得一絲遲疑，猶豫 1 秒，可能幾千、幾萬元就蒸發了。

從一開始的小賺，到後來的小賠，我的心態也慢慢變了。剛開始還能自我安慰「沒關係，股神也會出錯，明天一定能贏回來。」但當賠的數字跳到 5 位數、甚至 6 位數時，理智逐漸被不安吞噬。我開始瘋狂加碼，放大下單部位，只為了一口氣把輸的都贏回來。

我沒發現，我的操作早已不是策略，而是情緒反應，但 <u>市場不會憐憫你的情緒</u>。當沖市場沒有回頭路，只要賭錯方向，就像被洪水沖走，無論怎麼掙扎，都回不到原點。越想贏回來，市場就越讓你輸得更慘；越想貪心加碼，市場就越是毫不留情地粉碎你的信心。

股市，並非智力的競賽場，而是一場與人性的戰爭，真正能在市場活下來的，不是最聰明的人，而是那些能控制情緒、嚴守紀律的人──而那時的我不是。我一再

投資期貨、當沖失敗 差點完蛋的教訓 **03**

抱持著「今天輸沒關係，明天一定能賺回來」的心態，一再放大部位，試圖一把翻本，結果當然是賠得更多。

積蓄歸零的那天 我醒了

任何帶著情緒的交易，勝率幾乎是零。某天，我終於清醒了，讓我清醒的契機，不是小賠幾萬元、不是幾次失手，而是那天我當沖整整賠掉 20 萬元。

那天，我選擇放空一檔當日的強勢股。為什麼？因為我太有自信。我觀察它連續幾次都攻不上漲停，便斷定它撐不了多久，趨勢即將反轉，於是毫不猶豫地下單放空，想不到沒多久就有一連串大單強勢敲進買盤，我眼睜睜地看著它漲停。

被軋得措手不及的我選擇繼續硬凹，心想沒關係，午盤一定會拉回。結果？收盤還是鎖漲停。

我只好跟券商融券，打算隔天繼續空。但等來的不是翻身，而是更沉重的代價：高額的借券利息、手續費，加上隔日被強制回補，我的虧損瞬間炸裂。那一刻，我的積蓄全部歸零。

那天晚上,我躺在床上盯著天花板,一動也不動,腦海裡反覆瘋狂重播這些念頭:「要是沒有失心瘋就好了……」、「要是當初有設停損……」、「要是能重來一次……」

但人生沒有「要是」,事情就是發生了。後悔、懊惱、幻想重來,全都無濟於事。**我不是在投資,我是在賭博,而且是一場徹底輸光的豪賭**。我退出了那個群組,退出了那個讓我迷失的世界,只想還給自己一個清淨的人生。

> **鐵蛋心底話**
>
> 　　從少年股神到資產歸零,我終於懂得投資與賭博,只在一念之間。
>
> 　　貪婪讓我飛,也讓我墜。
>
> 　　唯有敬畏風險、設定策略、穩定心態,給予市場足夠的時間,才能長期陪伴好公司並與之共同成長,做真正的投資者。

開口借錢 才驚覺還在夢裡

就在我以為自己已經因為跌到深淵而覺醒，營業員又丟出一個新提案、一個希望，「要不要試試期貨？每天賺個 20 點就收手，1 個月下來也很可觀。」

說實話，鐵蛋當時心有不甘。難道我真的注定輸一輩子？心想：「我不甘心，我一定要贏回來！」於是，我又踏進了期貨的世界，還特地參加了營業員辦的實體座談會，認真學期貨怎麼操作。

但我那時完全沒有意識到：期貨，是一場零和遊戲。你賺的每一塊錢，都是別人虧損而來的。而真正的投資，應該是「正和遊戲」——公司成長、股東受惠、大家一起變好。

只可惜，那時的我不理解這些道理。我複製過去當沖的模式，初期靠著新手運小賺幾筆，便再次信心膨脹，沒多久，劇本又重演了。賭錯方向，我依舊不懂停損，無法順勢操作，任由情緒主導一切，最後把期貨保證金整包賠光。

當我賠到連戶頭都見底、**不得不向親友開口借錢的**

<u>時候，我才真正清醒</u>。這一刻，我知道自己，走到懸崖邊了。

從小到大，我不愁吃穿，從沒為錢低頭過。但這一次，我不得不，而且還是因為炒股炒到破產，這對我那顆傲嬌、高自尊的心來說，是深刻的羞辱與打擊。我鼓起勇氣，對身邊的人坦承一切，把壓抑許久的情緒全說出口，崩潰哭個徹底。

對方拍拍我說：「妳還年輕，還有一輩子的時間可以腳踏實地把這些錢賺回來。還好是現在摔跤，萬一等到妳老了、資產更多，再賠一次，代價可能不是這樣而已。」

那句話，像是一記巴掌，也像是一道光。

下定決心 終止惡性循環

幸好，我一向樂觀。在釋放完所有情緒之後，我對自己說：「這樣被數字綁架的日子，我不要再過了。」我擦乾眼淚，決心面對現實。

我把手機裡的證券 App 一個一個刪掉，也退出了

所有與股票相關的群組。瞬間如釋重負，心情無比輕鬆，我就像從一場大夢裡醒來，終於離開那個被帳面數字控制一切的狀態。

至於先前賠掉的錢怎麼辦？只能面對，然後解決。**闖禍了得收拾，沒什麼好逃避的**。我向銀行申請了 100 萬元的信貸，第一時間就還清向親友的借款。當時想法很簡單：先把欠人的錢還掉，至於每個月對銀行的還款，我再想辦法擠出來。這是我為自己的衝動負起責任的第一步。

鐵蛋心底話

跌到深谷，我才明白自己的渺小；鼓起勇氣放下面子向人求助，是面對現實、重新開始的第一步。這步伐雖小，卻凝聚了認錯的謙卑、承擔的決心，以及把失敗化作養分、再度站起的力量。

我是這麼想的：人生不是得到，就是學到；沒成功沒關係，但一定要成長。

價值百萬的一堂課 痛但值得

這一堂價值百萬元的課，值不值得？現在回頭看，練成鐵蛋的我真心覺得這一切都很值得。如果沒有經歷這場慘痛的洗禮，我可能至今仍是個把錢乖乖存進銀行、對投資一知半解的小白。

雖然這段過程讓我付出了高達百萬元的代價，但因如此，我才明白：**我不是萬中選一的少年股神；投資不是投機，穩健才能長久**。若能重新選擇一次，我希望自己有足夠的智慧，能夠對那顆貪婪的心說「不」。但人生無法重來，它是一次次選擇與一次次領悟的累積。

這場為期 1 年的「學費百萬課程」，帶給我 4 個血淋淋、但無價的領悟：

- **短線交易不是人人適合**：當沖與期貨的高槓桿、高壓力，並不適合大多數人。不要妄想一夜致富，現實生活中只有一夜至「負」。
- **市場不會因為你的想法而改變**：你的直覺、技術分析，市場不在乎。市場永遠是對的，你的認知才需要修正，順勢而為，才是王道。

- **投資應該是長期的、正和的**：投資是與企業一起成長，透過時間與複利積累財富，而不是賭短線波動、頻繁交易。
- **正視風險比獲利更重要**：沒有風險意識的投資，遲早會讓你重蹈覆轍。記住巴菲特說的：「投資只有兩條法則：第一，不要賠錢；第二，別忘了第一條。」

　　這是我的真實故事，我曾在股市嘗過賺快錢的爽感，也曾在市場裡迷失，賠到懷疑人生。如果你此刻正站在短線交易的十字路口，希望我的故事能讓你停下來想一想，自問這 3 個問題：

　　「我真的了解自己在做什麼嗎？」

　　「我有足夠的風險意識與承擔能力嗎？」

　　「如果明天全部歸零，我能平靜地接受嗎？」

　　如果這些問題你還沒有答案，那麼，請三思。市場上賺錢的方法有千百種，但真正能走得長久的，永遠只有一種人──**願意正視風險、持續學習、穩定前進的人**。投資從來不是一場百米衝刺賽，而是一場耐力馬拉松，

只要能耐得住性子,穩穩前行,終究能抵達終點,而沿途的風景,也將成為你珍貴的收穫。

> **🔸 行動指南**
>
> **重新檢視你的投資行為**
>
> - 回顧並記錄你過去 1 年內的所有投資行動與決策。
> - 找出其中一次最失敗的投資,誠實寫下失敗的原因。
> - 根據你的分析,訂下未來 3 個月的「投資紀律」,寫下具體行動守則,貼在每天都能看見的地方。

04

一年365天都是鐵打的外送斜槓人生

「有一種投資，穩賺不賠，你相信嗎？」如果這句話出現在什麼投資廣告裡，那十之八九是詐騙集團的話術。但我現在要說的，不是什麼神秘標的，也不是絕對勝率的操作技巧，而是唯一真正穩賺不賠的投資方式——投資自己。

歸零之後 該做點什麼

接續上一章的故事，我一切歸零，重新出發。

離開當沖的世界後,沒有盤中跳動的數字、沒有瞬息萬變的 K 線,我的生活一下子變得空白,日子忽然慢了下來,慢到讓我有些不知所措。

以前,我的生活節奏由股市控制,開盤前緊張、盤中盯盤、收盤後檢討,眼睛追著價格跑、心臟跟著 K 線跳、手指隨時準備按下交易鍵,刺激、焦慮、失控,是那時的日常。

後來,螢幕關了、App 刪了,不再盯盤。我一邊喝著咖啡,一邊望著窗外,感受前所未有的寧靜,這本該是享受,對當時的我來說,卻有點不習慣。

現實不會因為我的迷惘而停下腳步,銀行的信貸帳單每個月照樣來,18,000 元,一毛不少。既然帳單不會因為我在沉澱心情而延期寄來,我必須開始行動了。

收支表震撼 越算心越涼

我在手機備忘錄裡畫了一個簡單的收支表:左邊寫「固定支出」,右邊寫「固定收入」。一筆筆列下來,越算心越涼,不含吃飯與生活開銷,光是基本支出就高

達 33,000 元。我倒抽一口氣,這筆錢,該從哪裡來?

旅遊業仍在疫情恢復期,收入根本回不去過往高峰,就算靠本業＋假日兼職,仍撐不起我每個月的財務缺口。我不得不面對一個現實問題:光靠本業和假日兼職的收入,生活只會越來越窘迫。

所以我問自己,還能做什麼?要怎麼開源?於是,我開始找斜槓機會,積極在網路上搜尋時間彈性的兼職工作。瀏覽了好幾個晚上,爬了無數文章,最後,我找到了因疫情而意外崛起的工作──外送。

動起來 溫馨的外送第一單

我向來是行動派,一旦下定決心,就會投入 101% 的心力去做。看到網上不少人分享,**外送工作是自由接單,時間彈性,可以利用閒暇賺外快**。我二話不說,立刻行動,先去警察局申請良民證,再辦理線上訂餐外送服務平台 Foodpanda 的外送帳號,流程一次到位。帳號通過審核後,我順利拿到了外送箱。

我迫不及待地把外送箱綁上機車後座,直接上線,

站在路邊等待第一單來臨。叮咚！第一單來了，是麥當勞。

App 顯示客人就在附近巷子裡，距離餐廳不過 3 分鐘。我熟練地穿梭小巷，迅速取餐、順利送達。從接單到完成，不到 10 分鐘，這筆訂單我賺了 60 元，雖然沒有炒股來得快，但這 60 元，賺得踏實又安心。

送完第一單，我發現事情沒這麼簡單，我的外送箱在車尾晃得厲害，騎沒幾步路，就搖來晃去，感覺下一秒就要掉下來。

正當我在小巷手忙腳亂地調整時，忽然有位阿姨朝我揮手：「小妹！妳的箱子快掉了啦！」我還沒來得及反應，阿姨已經拿出一塊厚紙板遞給我，「來，墊這個比較穩啦！」

「謝謝阿姨！」我一邊道謝，一邊重新綁好外送箱，果然穩了許多。我抬起頭看著她，心底湧上一陣暖流。這世界上有好多溫柔的好人，這一刻，我忽然發現自己已經好久沒有感受到人與人之間的溫度了。

> **鐵蛋心底話**
>
> 　　從螢幕上的跳動數字，到街頭上的實體互動，我重新體悟到：財富，要一步一腳印累積。
>
> 　　外送接單來的 60 元雖然不多，卻是我那陣子賺得最踏實、最安心的一筆收入。路邊陌生阿姨遞來的那塊紙板，也像是一份溫柔提醒：不管世界怎麼變，善意一直都在。每送出一單，我累積的不只是收入，更是自律、謙卑與感恩。
>
> 　　我也重新理解生活裡那些不起眼的小事，其實，就是最純粹的幸福。

外送生活 遠比想像豐富

　　剛開始跑外送，我完全不覺得辛苦，甚至覺得超好玩！為什麼？因為新手任務好多、獎勵多多，解一個任務就有一筆獎金，那種一關一關解鎖的感覺，讓我彷彿回到小時候打電動挑戰魔王的日子，越跑越上癮。

　　其實，人生何嘗不是一場大型 RPG（角色扮演遊戲）？我們每個人都是從新手村出發，一路打怪升等、

點技能、換裝備。每個選擇，都會讓遊戲的走向出現變化；每次闖關，都有機會遇到好隊友，或是碰上幾個拖油瓶。而我當下遇到的關卡，就是如何把一天 24 小時裡的收入最大化。

這也是我選擇斜槓外送的原因之一，這份工作時間彈性，零碎時間都能轉換成金錢。只要你願意，隨時都能上線賺錢。跑外送期間，我的作息幾乎沒什麼空檔，一整天都在「上線」：

- 清晨：正職上班前的早餐時段，早起就能多跑幾單。
- 中午：午餐尖峰，有時甚至犧牲午休也要衝單。
- 晚上：下班後戴上安全帽，繼續送到晚間 9 點。

生活就是工作，工作就是生活。這樣的日子，看起來真的很累，對吧！的確，累到每天一醒來，腦海浮現的第一句話就是「又要工作了」，但在經歷股市起伏的焦慮與無力感之後，這種踏實與可預期的日常，我反而加倍珍惜。

經過一段時間的累積，幾個月後，我的兼職外送收

入穩定落在每月 1.5 萬～ 2 萬元。**我累積的不只是收入，外送填補了我的財務缺口，也讓我重新掌握了「為自己負責」的能力。**

這段時間，我也收到了許多溫暖的回應，有時是一瓶客人遞來冰可樂，說「辛苦了！」有時是不經意的小費，有時是一句「不用找了，謝謝妳。」這樣的瞬間，每一次都讓我讚嘆，原來，認真工作的人，真的會收到宇宙的回應。

全年無休 是我還債的決心

那一年，鐵蛋幾乎沒有真正休息過。不管豔陽高照還是颱風下雨，不管肌肉痠痛還是精神疲憊，只要身體還撐得住，我就接單。真的感到撐不住的時候，我有一個很簡單的方法能振作自己：打開帳戶，看數字。看帳戶裡的存款一點一點增加，貸款的金額慢慢減少，這些數字就像在對我說：「妳正在變得更自由，生活正在朝對的方向前進。」只要有進展，再累也值得；只要在前進，這些汗水就不會白流；每一段過程，都是自由的墊

腳石。

有人問我:「妳不覺得很累嗎?」會啊,當然會。有時我真的累到懷疑人生,但比起生活失控、被帳單追著跑,我寧願累一點。這次,生活的主導權,又回到了我手上。

365天不停歇地努力,讓我深刻體會,還債之路雖苦,但通往的是自由。

增加收入 思考勞力以外的可能性

每一筆收入、每一次還款,都是我對「過去的自己」補償,也是對「未來的自己」承諾。即使還在負債,也要勇敢記錄,因為人比想像中更堅強。

在那段用時間換收入的日子裡,我漸漸意識到:如果只靠勞力賺錢,一天就只有24小時,收入終究有上限。那麼,有沒有一種方式,不需要用體力、時間來換錢?除了外送,還有什麼工作能當副業?股票真的再也不能碰了嗎?說不定我適合當個單純領股息的股東?

有了前一次在股市、期貨的慘痛教訓,這一次我謹

慎許多，決定用「穩定」代替「賭博」。我重新釐清何謂「價值投資」，也學會使用「定期定額」模式——只要事先設定好金額與標的，指定日期到了就會自動扣款買進，不需要盯盤、不需要追高殺低，甚至不必懂技術分析，只需要信任時間與複利的力量。

我重新下載證券 App，設好計畫，然後不再開證券 App，繼續跑外送。這一次，我不追逐短線波動，只專注穩穩累積，這種投資方式，我感到踏實多了。

經營 IG 生活出現新的可能

我也開始經營 IG 帳號「鐵蛋存錢日記」，起初只是每天記錄支出、分享我如何還債與開源的小方法。隨著粉絲慢慢累積，我開始整理分享理財知識、製作懶人包，內容越來越完整。

漸漸地，有品牌找上門、來信洽談合作。想都沒想過的賺錢方式，就這樣找上了我。這時我才真正懂得：錢，可以不只靠體力賺，而是靠價值賺。

回想這段時間，我的斜槓項目多到讓自己都驚訝，

從旅遊業的本業，到外送、進貨網拍、假日餐飲兼職，甚至當股東、經營自媒體，生活塞得滿滿的，內心感到前所未有的充實。==累得很幸福，原來是這種感受==。

這段斜槓人生，也教會了我幾件重要的事：

- **只要願意行動，真的可以增加收入**：開源不難，難的是你願不願意開始。
- **時間是有限的，選擇比努力更重要**：努力很重要，但選對方法，才不會讓努力白費。
- **別再只靠體力賺錢，而是學會靠「價值」賺錢**：這也是我決定投資自己、經營社群平台內容的原因。

過去的我，以為投資就該「快、狠、準」，一心想翻倍致富，結果卻在錯誤裡越陷越深。後來我才明白，真正的財富是耐心與正確抉擇所累積出來的。

股神巴菲特一生 99% 的財富，其實是 50 歲以後才賺到的。所以，我不再追求快速翻倍，而是選擇穩穩前進；不再只靠體力賺錢，而是思考怎麼創造價值；不再盲目跟風，而是專注於投資自己。

因為我做對了一件最簡單的事——行動。於是，機會開始找上門，這一次，我不再衝刺，而是選擇用「長跑的節奏」定速前進。這份轉念得來的成長，比我賺到的任何一筆錢都更有價值。

> ⚡ **行動指南**
>
> **開始開源，創造額外收入**
>
> - 列出你擅長且有興趣的 3 件事。
> - 為每一項找出 2～3 個可能變現的方式，寫下來。
> - 選出最可行的一項，設定「1 個月內啟動」的行動計畫。

05
鐵蛋愛分享
自媒體的挑戰與機會

外送讓我體會到,只要願意,就能用勞力換取收入;而經營自媒體,則讓我真正認識到原來「價值」可以變現。從前,我靠體力與時間換錢;現在,我靠分享生活與財商知識,靠腦袋創造報酬。

鐵蛋存錢日記 在浴室誕生

要說「鐵蛋存錢日記」怎麼開始的,得先來點前情提要。我過著每天上班、下班、跑外送,被賺錢塞得密

不透風的那段日子，唯一的娛樂就是晚上滑滑手機。某天，我一如往常滑著 Instagram，演算法突然跳出幾個不露臉的理財帳號，不看還好，一看停不下來，一頁接一頁。他們用簡單的圖文記錄收支、分享理財策略，甚至還有人大方公開自己的資產變化。

「只用文字和圖片，竟然能吸引這麼多人追蹤與共鳴！」我帶著這份詫異走進浴室，當水打在頭上的瞬間，我腦中閃過嶄新的念頭：「要不要我也來開個匿名 IG？」這個想法，就像困住許久的野獸感受到了一絲光亮，急著往外衝。但理智很快跳出來拉住這頭野獸。

我的理性與感性開始辯論：

「可是，我要寫什麼？」

「我的負債故事會有人想看嗎？」

「大家不是都喜歡看美好、正面的事情嗎？負債、存錢這種事，真的會有人感興趣嗎？」

「但是，萬一有人因此受到啟發呢？而且記錄給自己看，也不錯啊！」

理性與感性辯論到這裡，我下了結論：與其想太

多,不如先開始做。有了想法,就值得衝一波。畢竟,擁有負債經驗的人或許不算少,但願意真誠分享自己故事的人不多。也許,我的故事能讓別人少走冤枉路;也許,我的經歷能讓某些人生出勇氣。不試試看,怎麼知道呢?

決定公開負債經驗 自助助人

我等不及好好洗完澡,快速沖一沖就衝回房間,拿出紙筆,詳列我的資產與負債。

結算出來,一個數字映入眼簾:負 27 萬元。是的,我出社會 5 年,不只存款歸零,還是負的 6 位數。我愣住,對自己失望的情緒湧上。但,某種程度上,我也肯定當下的自己——我第一次誠實面對了自己的財務現況。

隔天,我點開設計平台網站 Canva,設計 IG 大頭貼,寫下第一段自我介紹,給自己在網路上的新身分取名為「鐵蛋」。為什麼取這個名字?因為,我 365 天全年無休,是鐵打的。第一篇貼文,我簡單說明自己的背景,並誠實記錄:「目前淨資產:負 27 萬元。」

> **鐵蛋心底話**
>
> 　　從洗澡時冒出的小念頭醞釀，到公開負債的那一刻，我發現，所有的擔心與害怕，其實都是想像出來的。
>
> 　　誠實，正是理財的第一步。只有看清財務現況，才能判斷該往哪裡走。別害怕揭露脆弱，因為真實，才有力量。
>
> 　　如果你也正在還債，不妨動筆記錄吧，哪怕只是一句「今天花了 × 元、存了 × 元」，
>
> 　　寫下來，就是你改變的起點。

坦露脆弱 成為他人的陪伴

　　我沒想到的是，只是在 IG 上誠實面對自己，竟然能得到如此溫暖的回應。經營一段時日後，留言區陸續出現加油留言，甚至有人私訊我，說他也負債、也正努力儲蓄，看到我的分享，突然覺得自己不孤單了。

　　我看似衝動做出的決定，讓我的心態有了截然不同的改變。原來，我一直害怕被看見的脆弱，對別人來說，反而是帶來安慰的共鳴。條列記帳、公開負債、誠實面

對收入與支出,在網路分享這些我以為「丟臉」的事情,反而一點一滴把我推向更好的方向。

就這樣,「鐵蛋存錢日記」誕生了。

不放棄 才有後面的無限可能

創立 IG 的第一個月,鐵蛋立下一個小目標:每天發一篇貼文。我記錄定期定額的 ETF 投資、分享不定期買入的心得,偶爾也寫下旅遊業的酸甜苦辣,或是當時對生活的思考。

說真的,一開始根本沒人看,每篇貼文下方一片空白,連按讚都是自己按的。畫面靜悄悄,沒有通知、沒有留言、沒有互動,我就像在無人島上對著空氣說話。但我沒有放棄。我告訴自己,就當成寫給未來的自己看吧。哪怕沒人看,也要繼續記錄,因為這樣我才能看見自己的進步。

堅持 1 個月後,粉絲數悄悄攀升到 399 位。這 399 名追蹤者,都是看到貼文後親手按下追蹤鍵的真人,這對當時的我來說,是一個超乎想像的里程碑。

某天，我發了一則關於負債心態的貼文，寫道「負債就像掉進水裡，你可以驚慌掙扎，也可以選擇學習游泳。」幾分鐘後，手機跳出通知，一則陌生私訊說：「我剛好也在還債，妳這句話讓我有點安心，謝謝妳。」我盯著這句話好幾秒，心跳似乎漏了一拍，沒想到，我的文字真的帶給別人力量了。那一刻我體認到，這個 IG 帳號不再只是我一個人的日記本，它將成為某些人奮鬥路上的小小陪伴。

鐵蛋心底話

從無人按讚，到收到第一則鼓勵私訊，我體會到一件事，只要真誠分享，總有人會被你觸動。

經營自媒體，最難的是一開始的寂寞，沒人按讚、沒人留言、沒人理你，但只要你願意持續寫，路就會慢慢走出來。

別等準備好才開始，行動，就是最好的起點。正如 Facebook 前營運長雪柔・桑德伯格（Sheryl Sandberg）說的：「完成比完美重要。」

在 IG 帳號剛起步的階段，我非常珍惜每一則留言與私訊。我知道，願意特地留言的人，一定是內心有共鳴、被觸動了什麼，才會留下回應。

除了經營自己的帳號，我也開始往外「互動」，不管對方是大粉專還是小帳號，只要看到有價值、有趣的內容，我都會主動留言、轉發、分享。這麼做的目的不只是增加曝光度，更是為了讓更多人知道，理財的路上，一個人也許走得快，但一群人才能走得遠。

持續輸出「價值」就是流量密碼

當你真心與人交流，世界會用它的方式回應你，慢慢地，我感受到網路流量的變化。當你開始分享，影響的種子就會慢慢發芽。原本寂靜無聲的無人島，開始熱鬧了起來，陌生網友不再只是滑過，而是停下來閱讀、思考、留言、收藏、甚至主動分享。

我看待這個帳號的方式也變了，它不只是我的紀錄本，更是價值的傳遞站。那麼，既然有人在看，我能不能分享更多對他人有幫助的內容？我明白，一則貼文是

否能被傳播得更遠、被更多人看見，在於它對別人是否有價值。

什麼是有價值的內容？能解決問題，就是有價值。

隨著追蹤人數持續成長，我開始思考：什麼內容最能幫助到更多人？哪些貼文最容易讓人想收藏、分享？我觀察到，一些可以直接應用在生活中的理財主題，特別容易引起共鳴與轉發，例如：

- 「35K 可以投資嗎？」→能協助剛出社會的小資族找方向。
- 「ETF 比較分析」→整理複雜資訊，幫助粉絲快速比較差異。
- 「實用存錢技巧」→提醒大家日常可以省錢卻常被忽略的妙招。

為讀者著想 資訊才傳得出去

我逐漸理解：真正有價值的內容，不是我想說什麼，而是「對方想知道什麼」，當你的內容能解決問題，世界就會幫你把它傳出去。

IG 的演算法會根據貼文的收藏數、分享數、停留時間，來決定是否推播給更多人。所以我調整策略，從「單純記錄我投資了什麼」，變成「如何讓投資更容易理解」，把複雜概念轉成好入口、好理解、好應用的文字，讓剛起步的人也能看得懂。只要內容剛好打中了某些人的需求，它就會自然傳播開來。

在 IG 經營上，簡單的事情，重複做；有價值的事，持續做。找到訣竅後，我不斷優化、精進，讓每篇內容都能真正幫助到人，當不再單純追求流量，而是專注於提供價值，流量，反而就自己找上門，機會也主動來拜訪了。

從價值分享 到變現百萬元收入

「我們很喜歡妳的理財內容，想邀請妳合作，不知道妳是否有興趣？」還記得，當第一封合作邀約的私訊跳出來時，我愣了一下，心想：「我看錯了嗎？」這封訊息完全出乎我意料。經營 IG 的初期，我從沒想過分享還債與存錢的日常，竟然會有人願意付費合作。

剛開始的合作機會不多，大多是推薦碼或聯盟行銷，但當粉絲人數破萬之後，品牌開始主動扣門，詢問是否能合作貼文、分享產品，甚至是開團購。也有出版社主動找我分享新書、邀約講座，沒想到有朝一日我會成為被邀請的一方。

　　從推薦碼、聯盟行銷，到後來的團購與業配收入，「鐵蛋」這個 IG 帳號的變現能力，從零開始逐步成長，2022 年 8 月開始至 2025 年 6 月已累積超過百萬元的額外收入。

> **鐵蛋心底話**
>
> 　　現在的我，最期待的是每天早上醒來，看見帳戶跳出「入帳通知」訊息。那帶來的不是賺大錢的爽感，而是一種安心感。
>
> 　　當你不再被某份工作綁死，不再完全仰賴一份薪水，生活就開始有了彈性，心裡也更有底氣。從今天開始打造多元收入，你的生活，不再只能被薪水決定。

其實，做自媒體跟投資的道理一樣，都是先耕耘，後開花。很多人經營 IG，沒多久就放棄了，原因是太急著變現，卻沒有耐心經營前期的價值輸出。我親身走過一遍才體會這個真諦：前期的價值耕耘，就是後期收入的基石。

當你不斷累積內容、持續提供有用的觀點、堅持你的原則與風格，自媒體就會像 ETF 一樣，進入複利成長的曲線。一開始成效緩慢，但當運作越來越穩，過了某個「拐點」，影響力就會像雪球一樣滾起來，在某天爆發。

發揮影響力 散播正能量

一開始，我經營 IG 只是想記錄自己的存錢旅程。沒想到，這個簡單的分享，漸漸地改變了我的人生軌道。它不只成為額外收入的來源，更是一趟內在成長旅程。透過經營 IG，我看見了更寬廣的世界，也重新審視自己能成為怎樣的人。

因為分享，我養成了閱讀的習慣。以前的我，覺得

理財書太生硬,翻個 3 頁就開始放空,書本對我最大的用途就是拿來壓泡麵(笑)。但當我開始想要「分享有用的東西」,就不得不閱讀,甚至讀得比學生時期還認真,閱讀因此成了我的興趣。一本書的觀點,可能會悄悄地改變一個人的思維,而一個新的思維,也許,就會改變一個人的人生。

因為經營 IG,我變得更自律。每天中午,我會戴著耳機出門散步,感受陽光、觀察世界。這是我與自己獨處的小時光,城市喧鬧,人們腳步急促,但我在這段時間裡刻意慢了下來,放慢腳步,為我換來滿滿的靈感。

因為做了紀錄,我的情緒穩定下來。我開始學會與情緒和平共處,不再因為數字起伏而焦躁,也不再用賺錢成敗評價自己。透過書寫、閱讀、沉澱,我更加認識自己,更懂得接納當下,直到有一天,我意識到自身的「影響力」。

那天中午,我照例吃完午餐,拿起手機滑 IG,跳出一則來自熟悉粉絲的私訊:「謝謝妳,我的人生因為妳開始變好了。妳的貼文讓我重新找到方向,讓我知道自

己可以選擇改變。」她說,我是她黑暗時期的一道光。我盯著手機螢幕許久,眼眶有點濕,是在什麼時候,我竟然也成為別人生命裡的微光?

真不可思議,1年前的我,還在為還債焦頭爛額;現在的我,竟然能透過自己的故事,帶給別人希望,這份成就感,遠遠超越了金錢帶來的滿足。我腦海浮現印度詩人泰戈爾〈用生命影響生命〉的詩句:

把自己活成一道光,因為你不知道,誰會藉著你的光,走出了黑暗。

請保持你的善良,因為你不知道,誰會藉著你的善良,走出了絕望。

請相信自己的力量,因為你不知道,誰會因為相信你,而開始相信自己⋯⋯

這首詩,道出了我一路走來的體悟。「鐵蛋」對我而言曾經只是個理財紀錄帳號,但**在某個時刻,我明白每個人都能改變世界的一角,我踏上了「用生命影響生**

==命」的旅程==。

在 IG 記錄存錢、還債過程這個小小舉動,不只改變了我的生活,也悄悄照亮了別人的人生,我開始相信每個人都擁有改變世界一角的能力,只是有些人還沒發現而已。

或許,你會想「我的故事不特別,有什麼好分享的?」但你知道嗎,這世界上,總有人正走在你經歷過的路上。你不需要多厲害、不需要多完美,只要你願意分享,就可能幫助別人少走一些彎路、多一點勇氣。如果你心中有一個念頭,那就去做吧!因為——你永遠不知道,你的光,會照亮誰的黑暗。

⚡ 行動指南

建立你的自媒體

- 列出 3 個你熱愛分享、且具有個人特色的主題。
- 為你最感興趣的主題,開設一個 IG 或其他平台帳號。
- 今天就發出第一則貼文,為你的故事,踏出第一步。

06

30歲300萬元
本蛋做得到你也可以

　　這兩年，**我學會了成為「像水一樣」的人**，柔軟卻堅定，能屈能伸，可以適應環境的變化，但不向現實低頭。這樣的心態，幫助我走過低谷，也幫助我持續往前。理財這條路，從來不是天賦決定的，而是行動與選擇一點一滴累積而來的成果。**我從還清負債、在30歲存到300萬元，這不是奇蹟，而是來自一連串有意識的選擇。**

　　回頭看這一路的成長歷程，就像從新手村出發，身

上只有一把破破爛爛的木劍和滿腔熱血，結果第一關就被魔王一拳打回重生點，才發現自己的技能欄是空的，連個補血藥都沒帶。於是，我只能從頭練功，從最基本的技能點起：存錢、風險管理、資金控管、準備緊急預備金⋯⋯那些曾經覺得遙不可及的財務目標，竟然真的一關關地被我闖過了。

讓投資帶你看見更廣的世界

從一身負債，到存下第一桶金、第二桶金、第三桶金，這條路確實不輕鬆，但我想對你說：**這不是白日夢，而是可以實現的目標，更是一套可以複製的策略**。過去的我也覺得理財離我很遠、投資超難，自己大概一輩子都搞不懂，但透過紀律與行動，我一點一滴為自己蓄滿了財富的水庫。

投資，不只有錢滾錢的層次，你能藉此看見更廣大的世界。我一直很喜歡以下這個比喻：嬰兒覺得浴缸很大，是因為他還沒去過游泳池；小朋友覺得游泳池很大，是因為他還沒去過大海。認知就像視野，會隨著你的經

歷逐漸擴展。當你開始投資，你的世界會跟著放大，金錢觀也會逐漸成熟。你會開始思考：錢，除了養活自己，還能為生活帶來什麼？可以給家人帶來什麼？可以實現什麼夢想？

理解「沉沒成本」少繞彎路

在理財的路上，學會「怎麼賺錢」固然重要，但更重要的，是學會「怎麼做選擇」，其中影響我最深的一個概念是沉沒成本（sunk cost），如果我能早一點理解，也許人生可以少繞一些彎路。

沉沒成本，簡單來說，指的是那些「已經發生、無法回收」的成本。聽起來還是有點抽象？我舉個例子：為了預約一家超難訂的自助餐，連續 5 天花 30 分鐘打電話預約，終於訂到 1 個月後的位置。一人餐費加服務費 3,000 元，你期待了好久，準備好要吃回本，結果，預約日當天到了現場，才發現你最愛的鮮切牛排沒了，換成你完全不敢吃的羊肉，其他菜色也普普通通。

這時你會怎麼選擇？勉強吃完，畢竟都花錢了，不

能浪費啊！還是乾脆離場，把原本要吃飯時間改做會更開心的事？

不論你決定怎麼做，先前所耗費的那 5 天心力、時間和 3,000 元餐費都不會回來，這就是「沉沒成本」。多數人，會選擇硬著頭皮吃完，因為我們習慣性地害怕「浪費已經付出的努力」。

然而，**真正的浪費，不是承認並接受損失，而是讓錯誤的決定綁架未來，坐視沉沒成本變成投資陷阱。**

再舉一個例子：夾娃娃機。你已經投了好幾百元，還是沒夾到娃娃，這時你會想：「都投這麼多了，再試幾次就好。」結果為了夾一個娃娃投了上千元，卻仍不甘心放棄。在這個情境裡，問題早就不是「娃娃值不值得」，而是「這樣的投入，有沒有意義？」

股市投資也是如此，你買了一檔股票，看好它的未來，但價格一直跌。你不願意賣，因為賣了就等於「認賠」，等於承認自己看錯。但現實是，爛股票不會因為你持有得夠久，就自動變好股票。真正該問的不是「要不要等它回來」，而是「這檔股票，還有繼續持有的價

值嗎？」

不停損 就是繼續困在錯誤裡

　　我曾在當沖時賠了 60 萬元。從一開始的小虧，到後來不斷加碼想要贏回來，我告訴自己：「只是運氣不好，再撐一下就好了。」結果不是撐回來，而是撐到爆掉。如果當時我有勇氣停損，把那 60 萬當成沉沒成本，也許可以保住剩下的資產；但我選擇賭下去，讓錯誤一路擴大。不要因為過去的投入，讓未來的自己繼續困在錯誤裡。

　　我們要學習避免沉沒成本的陷阱，但該怎麼做？首先，我們得了解，很多時候我們真正難以面對的，不是賠錢，而是承認自己選錯了。但接下來你要記住，停下來，不是失敗，而是為了轉向。以下幾個方法，可以幫助你跳脫沉沒成本的思維陷阱：

- **及時止損**：無論投入多少，只要方向錯了，就該停下。
- **專注當下、放眼未來**：你無法改變過去，但可以掌握現在。

- **理性分析**、**不帶情緒**：任何決策，都應該基於邏輯，而非不甘心。

> 💬 **鐵蛋心底話**
>
> 　　在我從當沖賠錢、掉入沉沒成本的深淵，終於肯停下來的那一刻，一切就改變了。
>
> 　　我開始記帳，建立緊急預備金，讓金錢重新回到我的掌控，那是我人生的轉捩點。如果你也在某段投資、某個關係、某份工作中進退兩難，不妨問問自己：
>
> 　　你還看得到未來的價值嗎？還是只是捨不得過去的投入？學會止損，不是懦弱，而是給自己一個重新選擇的機會，邁開這一步，正是走向自由的開始。

每天進步 1% 從 -75 萬到 +367 萬

　　我真正理解「沉沒成本」的意義後，便決定不再為過去遺憾，而是專注於能改變未來的現在。我記帳掌握每一分錢的去向，從「亂花錢」轉變為「花得值得」，讓金錢成為夥伴，而不是讓我焦慮的敵人。我存下緊急

預備金,打造一座理財的防禦堡壘。從此,生活不會因突發狀況就一夕崩盤。我學習長期投資,不再追求快速翻身,而是保持耐心,讓錢為我工作,我不再被錢追著跑。上述這些方法看似簡單,但威力無窮,一旦你開始實行就能體會。

每天進步 1%,時間會告訴你答案。剛開始記帳,過程枯燥乏味;第一筆預備金存得很慢;投資帳戶也看不到明顯報酬⋯⋯但某天我打開帳戶,看到那個數字時,我才驚覺,原來自己走了這麼遠。就像爬山,還在半山腰時,怎麼看都覺得風景普通,山頂遙不可及。但走著走著,當你累了、想放棄的那一刻,猛然回頭,你將發現自己已站在那麼高的地方,視野也變得開闊了。

讀到這裡的你,請停下來,對自己說:「Never rush yourself, nature is always on time.」別急,該來的,會準時到來。記住,理財這場比賽的對手,從來都不是別人,而是過去的自己。不要妄想一夕改變,只要每天往對的方向前進,你就贏過昨天的自己。

我做到了,你也一定可以。**請你相信自己**。當你越

==努力，越願意向未來前進，整個宇宙都會悄悄聯合起來幫助你。==

　　接下來，我將分享自己的經驗與心得，帶你一步步改變現狀。如果你看到這裡，代表你對「改變自己」是認真的。

　　我想對你說，你已經跨出最重要的第一步。現在，讓我們繼續往前走。即使你現在對理財一無所知，只要一步一步照著做，你也能開始累積屬於你的財富。我們的目標，不是「馬上變好」，而是「每天都往對的方向，越來越好」，你不會是孤軍奮戰，鐵蛋陪你。

投資理財小白的進化史,著手財務規劃改變人生,
鐵蛋陪著處於財務困境中的你一步步前進。

Part 2

蛋窮志不窮
- 鐵蛋的理財哲學 -

鐵蛋的財務檢查讓資產變健康

還記得 IG 上的「鐵蛋存錢日記」是怎麼開始的嗎？不是哪天我被雷打到突然變得會理財，而是因為我終於鼓起勇氣，誠實地面對自己。如果你不願意直視真相，就永遠無法改變現狀。改變，就從盤點現況開始，著手對你的財務做健康檢查，釐清你接下來的方向。

沒贏沒關係，重要的是，在輸的時候，有沒有學到點什麼？還記得我第一次盤點資產時，按著計算機的手指微微發抖。我懼怕顯示出來的數字，怕它比我想像的

還慘，怕它赤裸裸地揭穿我過去的無知與任性。但當我真的寫下來，看到「-27萬」的那一刻，我反而鬆了一口氣。因為，它不再是一個模糊的「應該還好吧」的感覺，而是一個具體的數字，一個可以被改變的現狀。

只有搞清楚起點，你才能探索接下來該怎麼走。

> **鐵蛋心底話**
>
> 財務盤點，就像生活的健康檢查，是我們最常忽略，卻絕對不能省略的一件事。你現在的財務狀況，是過去每一個習慣累積而來的結果；未來能不能財務自由，取決於現在的選擇與行動。
>
> 看清現況，接納現況，我們才能真正起步。

盤點資產 3 步驟 跟我一起做

現在，請你拿出一張紙，或打開手機記事本，跟著我一起做一次資產盤點。

這一步，會是你改變人生的開始。

Step 1：盤點你的「正資產」

（目前擁有的現金與資產，以現值計算）

- 台幣現金（含定存）
- 外幣現金（含定存）
- 股票資產（台股／美股）
- 儲蓄險或其他可變現資產

Step 2：盤點你的「負資產」

（目前的債務與需還款項目）

- 信用卡費
- 學貸、車貸、信貸
- 其他所有欠款（如高利貸）

（註：上述不列入自住房產與房貸，以便專注流動性資產）

Step 3：計算「現階段身價」

總資產－總負債＝你的淨資產（現階段身價）

　　盯著這個數字，靜靜看 5 分鐘。不管它是正是負，是高是低，這都是你從工作以來、一點一滴累積的結果。你滿意嗎？如果不滿意，沒關係──這就是我們改

變自我的起點。

資產洗選蛋：區分好債與壞債

蛋，有分好蛋和壞蛋；債，也有好債與壞債。好蛋打下去香醇又新鮮，是蛋白質滿滿的營養來源；壞蛋呢？還沒打開就可以聞到臭味。債呢？簡單來說，債就像是你跟別人借了一顆蛋，將來要還。

問題來了──你借的這顆蛋，是能孵出小雞、產出更多蛋，還是你只是把它吃掉、結果什麼都不剩？這，就是「好債」與「壞債」的差別。

什麼是好債？就是能幫你賺更多錢的債。例如：你用低利率貸款買房，房子拿去出租，租金比貸款利息還高，這就是一顆能孵化的好蛋。還有，你貸款去進修、考證照，幫助自己升職加薪，這筆學貸也算好債。

好債的特色是：它不會讓你口袋變空，而是助你帶來更多收入。所以，借的好債不一定要急著還清，甚至可以透過適度的槓桿，讓資金效益最大化。

什麼是壞債？就是那些會讓你口袋變空，卻不會帶

來任何好處的債。例如：信用卡循環債、高利信貸。如果你的債務利率超過 4%，尤其是信用卡的循環利息，建議優先處理，盡快還清。

壞債中的信用卡循環利息是什麼？當你沒把信用卡帳單全額繳清，剩下的金額會被銀行收取循環利息，利率通常高達 5% ～ 15%，甚至還會加上違約金，這些利息還會滾進下一期帳單，像雪球一樣越滾越大。很多人「先刷再說」，結果卡債滾成一座山，讓自己淪為被錢追著跑的卡奴。

利息，是一把雙面刃。投資時，它幫你賺錢；但在債務上，它是吃人不吐骨頭的怪獸。

你現在應該已經完成資產盤點，知道自己有哪些債務，原則就是**留著好債，處理壞債**。請接著將所有債務分成以下兩類：能幫你未來賺更多錢的債，暫時不急著還清的「好債」，以及要設計一個還款計畫，盡快還清的「壞債」。如果你目前有壞債，請立刻設定還款總額與目標期限，根據收入分配每月還款額，接著每月固定執行還款不間斷。

> **鐵蛋心底話**
>
> 　　理財的第一步，不是想著讓投資翻倍，而是先把壞債清乾淨。脫離壞債的束縛，人生才能輕裝上路。
>
> 　　從今天起，做個洗蛋師，挑掉壞蛋，留下能幫你變強的好蛋。

信用卡是雙面刃 把它當理財利器

　　前面提到信用卡債是最壞的壞債之一，但若信用卡這麼可怕，為什麼還有這麼多人天天在刷？讓人又愛又恨的信用卡其實是一把雙面刃——用得好，會成為你的財務助力；用不好，它會是財務深淵的入口。它讓人愛的有以下 3 點：

1. 保持現金流 讓錢更靈活

　　信用卡最大的好處之一，就是可以「先用後付」，讓你的現金流更寬裕。舉個例子：3 月 5 日刷一筆 3,000 元的消費，若信用卡結帳日是 3 月 15 日，繳款日是 4 月 5 日，你等於可以延後 1 個月才付款，這段期間，你

的現金可以拿去做其他用途，比如短期存款、投資或應急，但前提是你必須確保自己還得起。

2. 累積信用紀錄 未來貸款更順利

很多人忽略了：信用卡，其實是你的「財務履歷表」。每一次準時繳清卡費，都是在幫自己建立信用評分；每一次遲繳，都會在財務履歷上留下一筆污點。等到你想貸款買房、買車，甚至創業，銀行會翻出你的信用紀錄做評估。對要放款的銀行來說，有紀錄比沒紀錄好，沒信用紀錄不等於「好客戶」，只代表「銀行不了解你」。所以，與其需要貸款時才臨時抱佛腳，不如從現在開始，好好經營自己的信用形象。

3. 賺回饋 支出更聰明

既然要花錢，若能賺到一點回饋，不要錯過。信用卡的另一項吸引力，是可以賺點數、回饋金、哩程數。例如：點數可兌換機票、現金回饋、折抵帳單；餐飲、交通、網購等消費享有高回饋；特定聯名卡可享商店優惠。

但要記住，回饋只是附加價值，不該是你消費的理

由！千萬別為了賺點數去花「本來不會花」的錢,這樣就本末倒置了。

對信用卡有上述的認知後,接著來看如何挑選最適合你的信用卡。每個人的生活型態不同,因此選卡的邏輯也不一樣,例如:

- 美食控:選擇餐飲回饋高的卡
- 電子支付愛用者:挑電子錢包合作多、回饋高的卡
- 網購族:找網購專屬加碼的卡片
- 愛旅行:選擇可累積哩程的卡

鐵蛋心底話

信用卡本身是中性的,沒有好壞,重點在於你的使用方式。養成記帳習慣、設定好每月還款上限、只刷自己本來就會消費的項目,這樣,信用卡就會是你的神隊友。

搭配下一章,我會分享如何透過「記帳」真正讓每一筆消費都變得有意義,信用卡就能成為你掌握金錢的利器。

記住這個原則：讓信用卡配合你的消費，而不是你去配合信用卡。

記帳擺脫超支陷阱 對錢更有感

信用卡的便利性，容易讓人掉入「不知不覺就花超過預算」的陷阱。你有沒有過這種經驗？看到網購打折，腦波一弱就想「這東西總有一天會用到吧！」結果刷了卡、商品送到家，放在角落擺著擺著就忘了它的存在。

我以前也是這樣，家裡的「以後會用區」堆滿了放了幾年都沒拆封的戰利品，每次斷捨離，都會發現一堆「全新但過期」的東西，既浪費錢，又占空間。直到我使用了改變消費習慣的關鍵工具──記帳。

很多人以為自己花得不多，但事實是，積少成多，小筆開銷累積起來相當驚人。你有沒有想過，每天一杯 30 元的手搖飲，一個月是 900 元，一年下來就是 10,800 元。這個數字，甚至比一支 iPhone 還貴，我後面會詳細分析這一點。

記帳,會讓你看見「適性消費」與「習慣性花錢」的差異。記帳,可以清楚地看見自己的消費習慣,幫助分辨哪些是「需要」,哪些只是「想要」。沒記帳,許多日常小額花費很容易被忽略,等到月底發現錢不見了,就來不及囉!

記帳不是限制,是幫助你更有意識地選擇。生活不是只有單一答案的數學題,而是選擇題。偶爾來杯珍珠奶茶、吃頓好料,當然是 OK 的,重點不是一味省錢,而在於你是否明白這筆花費是出於你「有意識的選擇」,還是只是被廣告推坑,或單純因為「習慣性滑滑」就結帳了。

鐵蛋心底話

堅持記帳 1 個月後,就能體會到它的神奇之處。記帳不是為了限制花錢,而是幫你看清「錢到底都花去哪了」。理財的第一步,不是看你賺多少,而是看你能留下多少。

當你對金錢開始有感,消費自然會變得更有意識,生活會更貼近你真正想要的樣子。

行動指南

盤點資產並設下具體目標

- 清楚列出你目前所有資產與負債,計算出你的淨資產。
- 寫下今年想達成的財務目標(至少3項,越具體越好)。
- 設定每月1次的財務檢視日,建立提醒機制,確保定期追蹤進度。

08

理財先理債
砍掉「食錢花」

你是否也有這種感覺?每個月努力工作,但帳戶裡的存款永遠長不大。薪水剛入帳,就被帳單、貸款一口一口吃掉。明明一直在還錢,卻總覺得債怎麼都還不完。如果有上述這些感受,那你可能也被「食錢花」這種可怕的東西纏上了。

食錢花蔓延 吞噬收入與生活

食錢花,顧名思義,是會吃掉你所有收入的小花。

一開始它可能只是小小的一筆信用卡債，看起來不痛不癢。但如果你忽視它，它就會一朵一朵蔓延開來，開始吞噬你的薪水。

第一片花瓣：信用卡循環利息 12%

「先繳最低金額就好，反正下個月再補。」當你冒出這種想法，就是它發芽的瞬間。

第二片花瓣：信貸利率 7%

「手頭有點緊，借個 10 萬元應急一下吧。」這是它開始長出枝葉的階段。

第三片花瓣：預借現金、分期付款

「這檔期優惠太划算了，先買再說！」從此，它正式進化為吞錢怪獸。

食錢花不只吃掉你的薪水，還會拖垮你的未來。你薪水進帳得先餵飽食錢花，剩下的錢才是你的。不論再怎麼努力，總有一筆利息在慢慢吞蝕你的收入，還款變成一場永無止境的追逐，你永遠被債追著跑。

我因當沖虧損急需用錢的時候，一打開銀行 App，就被「信貸 10 萬，立即撥款」廣告誘惑，想都沒想就

點下去，這是我親手種下的第一顆種子。

每個月 3,000 元的還款中，有將近 600 元是利息；接著，我生活費吃緊，只好刷信用卡補，沒多久又多了一筆 12% 的循環利息，這時我才驚覺，我在幫銀行養一株食錢花。

砍掉食錢花才有辦法理財，投資前，先處理你的債務。信貸、卡債、預借現金這些高利息負債，就是你財務自由路上最大的阻礙，在還沒砍掉這些債之前，所有的存錢與投資，都像是蓋在沙地上的房子，一個浪打過來就沖垮。

食錢花從小小幼苗慢慢長成一隻吞噬生活的巨獸，曾經，我的生活完全被食錢花吞噬，薪水一進帳，9 成都用在還債，根本沒有餘裕存錢。雖然每個月還款，但債務彷彿無底洞，持續還款卻看不到盡頭，壓力大到連睡覺都覺得喘不過氣。

直到有一天，我終於受夠了這樣的日子，決定親手砍掉這株該死的食錢花。

逐步斷絕 3 種錢 枯死食錢花

想讓食錢花枯死，第一步，就是斷掉它最愛的 3 種營養來源：

1. 信用卡循環利息

這是食錢花最愛的肥料，利率動輒 10%～15%，只要你沒繳清帳單，它就會天天吃錢吃到飽。

信用卡循環利息最常見的陷阱就是「只繳最低應繳金額」，這會讓你還的錢絕大多數都拿去付利息，本金卻幾乎動也不動，等於是在原地跑步，債務永遠還不完。

> **斷絕** 把所有信用卡債列出來，優先清掉利率最高的卡債；有穩定收入的話，也可以考慮用低利率的信貸整合償還。

2. 信貸／高利率借款

很多人覺得 6%～8% 的利率好像還好，但這些借款通常金額大、還款時間長，利息越滾越多。你以為自己還得差不多了，實際上可能只是繳完利息，本金根本沒還多少。

> **斷絕** 檢視自己的所有信貸,試著轉貸到利率更低的銀行,無法轉貸的話,就試著加速還本金,讓利息少一點。

3. 分期付款、預借現金

「先買再付」看起來輕鬆,實際上是讓你提前花掉未來的錢。如果你還沒拿到錢,就先花掉未來幾個月的收入,那未來的你只會越過越累。分期付款只是延後爆炸,不是解決負擔。

> **斷絕** 拒絕不必要的分期付款,養成「沒錢就不買」的習慣。衝動型購物的商品,放在購物車 3 天後再決定是否購買。

還債有策略 選擇適合你的那一套

還債,就能逐步讓食錢花枯萎,這其實就像健身一樣是有策略的,不只要做,還要做對。

方法一:雪球法（從小筆開始）

適合較沒耐心、需要小勝利激勵自己的人。先還最小筆的債,每還清一筆,就像破關一樣,累積成就感。

實作步驟：

1. 債務由小到大排序。
2. 所有資金集中還清最小筆。
3. 最小筆還清後，繼續打消下一筆倒數第二小的債務，「攻擊」目標越來越大。

方法二：瀑布法（從利率最高開始）

　　適合重視效率、精打細算的人。從利息「最凶」的債開始，以減少未來的總利息支出。

實作步驟：

1. 債務由利率高至低排序。
2. 鎖定利率最高的債，全力還清。
3. 還完後再轉向利率第二高的那一筆，直到全數清光。

還債重拾自由 讓錢為你工作

　　擺脫債務，代表你不再把辛苦賺來的每一塊錢送給銀行，也不會再為了每月帳單輾轉難眠。你的收入終於不再只是拿來補洞，而是真正開始累積屬於你的財富，

嘗試投資，讓錢幫你賺錢。

還債，不是懲罰，而是一次勇敢轉身，是誠實面對過去，學會修正錯誤，重新為未來開一條新的路。當你徹底砍掉食錢花的那一刻，你會發現，沒有債務的日子，輕鬆得好像能飛起來。債務清償後的每一步都踏實，口袋裡的錢不再瞬間流走，能存下來、投資，以及花在自己真正重視的事情上，這時的人生不再被債務推著走，由你決定接下來要往哪裡走。

過去的我，是個徹底的消費主義者，每月一領薪水，還沒抱熱就花光，過著「賺錢→花光→賺錢→花光」的日子，總是被錢追著跑，始終覺得「不夠用」。但當我擺脫債務、開始存錢，腦袋終於有空間去思考：把錢存下來之外，我還能做些什麼？如果錢不只是花掉，它還可以變成什麼？如果我不只是消費者，開始當個「投資者」，生活會發生什麼變化？過去，我努力工作，賺到的錢卻總是流向別人；如果現在開始，我學會把錢留在手中，甚至讓它為我工作，會不會更好？

接下來，我要帶你踏出下一步，從一個純粹的消費

者,轉型成聰明的投資者。當你開始懂得「讓錢為你工作」,而不是辛苦地只為錢工作,你的生活,將變得完全不一樣。準備好了嗎?讓我們翻開人生的下一頁吧!

行動指南

存下你的緊急預備金

- **計算你的基本開銷**:找出你每個月的固定支出,乘以 3,設定為你的預備金目標。
- **制定存錢計畫**:設定每月固定存入的金額與日子(例如每月薪水入帳當天),規律執行。
- **開立專屬帳戶**:開一個不會輕易動用的儲蓄帳戶,專門存放這筆預備金,避免與日常消費混用。

09

從消費者心態
轉變為投資者思維

你是為了花錢而拚命賺錢,還是讓錢替你拚命工作?從小到大,我們很常被叮嚀要努力讀書、找份好工作、好好賺錢,然後就能過好日子。這聽起來沒錯,但「過好日子」的定義是什麼?很少有人真正想清楚。

同樣都是花光 改變思維讓錢為你工作

你有過這樣的經驗嗎?薪水一入帳,第一個念頭不

是「這筆錢我要怎麼運用？」而是「我該買什麼犒賞自己？」某牌手機出新款、新品包包剛上市、工作累了就想出國散心……花錢的理由很多，我們總是安慰自己：「辛苦工作了，當然要好好享受一下！」但結果呢？

「發薪→花光→等下次發薪→再花光」的這種模式，讓我們的生活就像在跑步機上不斷踏步，但永遠前進不了。帳戶的存款數字長不大，財務自由始終是遙遠的夢。這就是典型的「消費者思維」：賺錢，是為了花錢；努力，是為了犒賞當下的自己。

跳脫這個循環，人生將截然不同。

世界上，有另一種受薪階級，他們的思維完全不同。拿到薪水的第一個反應不是「買什麼」，而是「這筆錢，能幫我再賺多少錢？」這群人懂得延遲滿足，把一部分收入拿去儲蓄、投資，不是因為他們不想享受生活，而是他們知道，真正的犒賞，不是即時的快樂，而是長遠的自由。

對他們而言，投資不只是操作股票或基金，更是一種價值選擇──把錢留給未來，而不是交給慾望。同樣

是賺錢，有人選擇花掉獲取短暫快感，也有人選擇把錢轉化為未來的選擇權與自由。這就是消費者與投資者之間最根本的差異。

釐清癥結 想要≠需要

雖然我自認物慾不高，平常也不太愛逛街、血拼，但還是會有那麼幾次，滑手機看到限時特賣、期間限定，腦袋裡會突然閃過「嗯……好像可以買一下喔」的念頭。逛百貨公司看到週年慶標語「最後一天！折扣只到今晚！」明明沒有特別需要什麼，卻還是會忍不住繞進去逛一圈，然後信用卡就默默刷了下去。

這些花費不算多，但後來我才發現，真正的問題不在買了什麼，而是「沒想清楚就買了什麼」。當時的我，沒有搞清楚「這個東西，我真的需要嗎？」、「是因為看到折扣才想買，還是我原本就在找這樣的東西？」、「買了以後，它真的能替我的生活帶來改變嗎？」

意識到我有偶爾亂買的問題後，我練習在每一次消費前，問自己幾個問題：「這筆錢花下去，會讓我長期

感到值得嗎？」、「如果我先冷靜 3 天，再來決定要不要，還會想買嗎？」、「有沒有更重要的地方，可以讓這筆錢有更好的效益？」這幾個提問，幫助我從「偶爾亂買」的習慣，慢慢轉為「有意識地消費」。

> **鐵蛋心底話**
>
> 　　就算物慾不高，也可能在某些時刻失去判斷，導致不必要的花費。但只要願意在花錢前停一秒、想一下，就能更清楚知道什麼是「想要」的、什麼是「需要」的。
>
> 　　真正的富有，不是你買得起什麼，而是你懂得為什麼要買。記住，錢應該是讓你自由的工具，不是衝動下的消耗品。當你學會掌控金錢，也就能掌控生活的節奏。

買得少 但要買得好

　　很多人一聽到「理財」、「存錢」，就會下意識地聯想到犧牲，是不是不能吃好吃的？不能買好東西？連朋友約吃飯都要心痛地推掉？其實，這是錯誤印象，理財的重點不是「過苦日子」，而是「聰明地花錢」──

買得少,但買得更好。**把消費習慣從價格導向轉為價值思維**,我說一個行李箱的故事。

剛踏入旅遊業的那幾年,我常帶團出國,行李箱是我最常用的工具。但當時的我,買東西只有一個指標「便宜就好」,我認為行李箱的作用不就是裝東西,哪有必要花幾萬元?

於是我買了便宜的箱子,結果不是卡輪很難推、就是拉鏈爆掉,短短幾年,我換了好幾個,才發現我買便宜的行李箱根本是假省錢,因為累積的維修、重買成本,早就超過一個高品質行李箱的價格。

某次,我在機場看到一位資深領隊拖著一只看起來歷經風霜的 RIMOWA 行李箱,忍不住問:「你用了多久啊?」他笑著說:「快 10 年了,從沒壞過。」當下的我默默想著:「有一天,我也要擁有這樣一咖能陪我走很久的行李箱。」但那時的我還沒到那個階段,也買不下去。

3 年後的 2023 年,疫情趨緩,我重回帶團生活,那次在維也納,我站在 RIMOWA 專賣店的門前,心境

已經完全不同。這幾年，我透過記帳、還債、存錢，讓自己一步步從財務壓力中脫身，我知道，自己要買的不只是「貴的東西」，而是一個禁得起時間考驗、真正能讓生活加值的夥伴。

當店員把行李箱推到我面前，我輕輕摸著它光滑的外殼，內心有種前所未有的篤定。這不是炫富，而是一段旅程的見證，是我理財路上的里程碑。

那一刻，我明白，**理財的目的，不是讓你捨不得花錢，而是讓你「買得起，也買得安心」**。我不再是那個只會找便宜貨的女孩，而是懂得用錢買下真正有價值東西的鐵蛋。

雖然我物慾不算高，但過去偶爾也會亂花錢、買一些不實用的小東西。後來的我已經能分辨「我想要」和「它值得」的差別。真正重要的支出，例如吃得健康、學習進修、提升工作效率的裝備，我會毫不猶豫；如果是衝動購物、為了面子參加不必要的聚餐，會適度捨棄。當我開始這樣思考後，我不只存款變多，生活品質也提升了。因為我的每一筆花費，都變成有意識的選擇。

還是想及時行樂 錯了嗎？

「如果我現在過得不錯,為什麼還要那麼辛苦存錢?」老實說,這個問題我也曾經問過自己無數次。「人生苦短,錢賺了當然要花,難道不對嗎?」、「當下不享受,難道要等老了才能開心嗎?」

這些質疑都沒有錯,它們代表了對當下的珍惜,但在這幾年反覆的嘗試與跌倒後,我漸漸體會、思考到另一個層次——人生就像出海航行,平靜時一切都好,但你永遠不知道下一波大浪什麼時候會打來。正因為未來充滿不確定,我們更應該在日子安穩的時候,先為自己準備好一點「自由的籌碼」。存下來的錢,不只可用來買東西,更讓你有底氣拒絕那些你不想做、但以前不得不做的事;是當你生病時,能安心休養的緩衝;當你想

> **鐵蛋心底話**
>
> 　　理財,不是壓抑享受,而是讓你有選擇權去享受。當你不再只是為了發薪日而活、不會因為帳單而焦慮,能真正用自己的方式過生活,那才是最好的「及時行樂」。

轉職、想旅行、想休息時，讓你有選擇的自由。

年輕時的快樂，是「今朝有酒今朝醉」；成熟後才發現，真正的快樂是「即使沒酒，也能安然入睡」。及時行樂不是不行，但要懂得取捨與平衡。

你依然可以去吃喜歡的拉麵、買喜歡的小物，但也要同時存下屬於自己的未來。也許現在的你，還在「消費者」的階段，這沒關係。但如果有一天，你開始發現，錢帶來的自由比短暫的快樂更吸引你——恭喜，你的思維正逐漸轉化為「投資者」。

🔦 行動指南

聰明消費小練習

- 寫下你每月最常衝動購買的 3 項物品。
- 設定下個月的消費挑戰，試著減少或避免這些非必要花費。
- 記錄你每次成功控制消費的感受，培養更理性的消費觀念。

10
設立財務目標
算出你的夢想數字

「如果存到 500 萬元，是不是就能辭職、天天躺平了？」、「財務自由到底要多少錢？像我這樣平凡的人，真的有可能嗎？」過去的我，反覆問自己這些問題。那時候我覺得「財務自由」這四個字，好像只有企業家、富豪才有資格談，對我這種領薪水的小資族來說，根本是天方夜譚。直到我開始認真研究才發現，財務自由，沒有標準答案，因為它是你自己訂的「夢想數字」。

夢想數字 因人而異

對有些人來說，500 萬元就能過上簡單安穩的生活；但對另一群人來說，或許 1,000 萬元只是剛好及格。每個人的生活方式、風險容忍度、對未來的想像都不同，達成財務自由的夢想數字自然也因人而異。

訂定你的夢想數字，重點不在別人定義的自由，而是你得先畫出自己的生活藍圖，想想看：你理想中的生活是什麼樣子？你每個月實際需要多少花費？如果明天辭職，現在的存款能讓你活多久？

當你開始盤算這些問題，屬於你的「財務自由數字」就會慢慢浮現。資產累積的感受便不再是「隨便存錢」，取而代之的是「我知道我為什麼而努力」。

財務自由的內涵 是擁有選擇權

很多人把財務自由想得很遙遠、很虛幻，以為那是一條「存滿 × 千萬元就能躺平」的終點線。我曾經也這樣想，後來才理解，財務自由真正的內涵，不是錢的多寡，而是選擇權，不想做的事，能夠說不；想嘗試的

生活，可以放心去試；遭遇挫折，不用因為「缺錢」就馬上妥協。

這就像近年很紅的 FIRE 運動（Financial Independence, Retire Early）的核心精神——**不是不再工作，而是「不被迫為錢工作」**。我心中的財務自由，是這樣的日常：想吃東京的一碗拉麵，立刻訂機票去吃，不需要翻存摺或請示老闆。想去東南亞住 1 個月，直接帶著筆電和行李出發，不被請假制度綁住。想上課學新東西，不用精打細算學費該不該花，而是安心投資自己。

> **鐵蛋心底話**
>
> 財務自由不是要變成超級富豪，而是不用再為五斗米折腰，不再被金錢控制人生的選擇權，你會有這樣的餘裕：
>
> 你可以繼續工作，是出於熱愛，而不是因為要付房租。你可以照顧家人、培養興趣，而不是一睜開眼就被帳單追著跑。你可以為自己打造喜歡的生活方式，而不是只是應付著過日子。

真正的自由不是「什麼都不做」，而是「可以選擇只做自己喜歡的事」，這才是財務自由真正迷人、也最實際的含義。

4% 法則 算出你的夢想數字

「到底要存多少錢，才能真正不用工作？」說真的，這個問題，過去的我也不知道答案。直到有一天，我遇見了理財界的經典概念「4% 法則」。

4% 法則這個理論最早由美國財務顧問威廉·班根（William Bengen）在 1994 年提出，後來被不少追求 FIRE（財務自由、提早退休）的人奉為圭臬。簡單來說，如果把錢放進一個穩健的投資組合中，每年只提領本金的 4% 來過生活，理論上，這筆錢就能永續支撐你的開銷。

怎麼運用 4% 法則算出你該準備多少退休金？有兩種方式：

方法一：用年度開銷計算

假設你一年生活開銷是 60 萬元，財務自由數字就

是 60 萬 ÷4％ ＝ 1,500 萬元

方法二：用「月支出 ×300」的速算法

如果你每個月平均花 5 萬元，財務自由數字就是 5 萬 ×300 ＝ 1,500 萬元

這兩種算法其實是一樣的邏輯，以此推算出你的投資若可以每年產出 60 萬元的被動收入，就能支撐你不工作的日常生活。

財務自由數字之所以不是一個固定數字，是因為每個人理想中的生活方式不同，有人喜歡自由行、一年出國 3 次；有人覺得在住家附近吃頓牛肉麵就很幸福；有人想要提早退休，有人則想做一輩子自己熱愛的工作。夢想的生活，應該由你自己定義。別把財務自由數字看作是壓力，而是你努力的方向。

問自己幾個問題，得到屬於你的財務自由數字：我每個月的生活開銷是多少？我生活中什麼支出是「不能少的」？我想過什麼樣的生活，環遊世界、照顧家人、自由創作？

當你誠實回答這些問題，並運用 4％ 法則，你就會

得到屬於你自己的「夢想數字」。

明確目標浮現 從驚嚇到安心

我第一次算出自己的夢想數字時，老實說有點嚇到，我每月支出約 6 萬元，得出：

$$6 萬 \times 300 = 1,800 萬$$

當時我連 100 萬元都還沒存到，看著這個數字，腦袋一片空白，懷疑自己「這輩子真的做得到嗎？」但奇妙的是，我算出答案後反而比較安心了，因為終於知道我不是在瞎忙，而是有一個明確的目標。

從那天起，我就一點一滴往這個方向前進，它不再只是個夢，而是一條可以規劃的路。財務自由，不是天方夜譚，而是「可以實現」的目標。如果你現在也算出了一個讓你倒抽一口氣的數字，沒關係，你不孤單。我也走過那一段，從覺得「這太遙遠」到「我可以一步步靠近它」，你需要的不是天賦，而是一份具體計畫加上一點堅持。

一張計算表 算出需多少年能達標

知道目標以後,下一步就是推算多久能達成。我製作了一份「財務自由計算表」Excel 檔案,系統會自動算出達成目標的時間,只要輸入以下幾個數字:

- 你目前的本金
- 每個月能定期投入的金額
- 年化報酬率(可依照投資風格自行調整)
- 目標金額(也就是你算出來的夢想數字)

掃描以下 QR Code,複製該檔案到自己的雲端硬碟,立刻試算看看。

圖表 10-1　**財務自由計算表**

掃描 QR Code,查看鐵蛋的退休計算機

記得小時候社會課本上的航海故事：一群水手駕駛著帆船，出發前往未知的大海。他們不確定風向會怎麼變，但因為手上有一張明確的航海圖，即使途中遇到狂風暴雨，也知道該怎麼調整航向，繼續向前。

財務自由就像這場航海旅程一樣，如果你不知道自己要去哪裡，即使你擁有最好的船、最順的風向，你也只會原地打轉。但當你有了明確的財務目標，就算遇上風浪，也會知道該怎麼修正方向，繼續前進。

古羅馬哲學家塞內卡說，「如果一個人不知道他要航向哪個港口，就沒有適合的風向。」這句話，完美說明了理財的核心觀念之一──理財不是靠運氣，而是靠地圖與行動。

美國勵志作家奧格・曼狄諾是這麼說的，「A goal is a dream with a deadline.」為什麼「設定目標」這麼重要？因為**一個有期限、有方向的夢想，才叫做目標。**

當你清楚知道自己想去的地方，每一次的花錢、存錢、投資才會有意義，因為你知道這些行動，都是邁向夢想生活的踏板。

畫出財務航海圖 設短中長期目標

接下來，我們就要開始「設定目標」，從短期、中期到長期，打造一張屬於你自己的財務航海圖。

短期目標（1 年內）：打下穩固的財務基礎

想像一下，你現在正站在港口，準備啟航。船隻整備完成，羅盤在手，出發前的第一件事，是確認你即將前往的第一個燈塔。短期目標，就是這座燈塔。它不會讓你瞬間抵達終點，但會確保你前方的航線不會觸礁，能夠順暢地前進。

這一年，你的任務是建立穩定又健康的財務習慣，確保未來的旅程能順利前進。鐵蛋的短期目標範例：

- **年度股息目標**：股息收入達到每年 40 萬元。就像航行中的補給站，讓整趟旅程更安心。
- **資產成長目標**：年底淨資產成長至 450 萬元。把「財務水庫」一點一滴蓄滿。
- **投資執行計畫**：每月定期定額投入 1 萬元。就像每天穩定划槳，讓船隻持續前進。
- **儲蓄比例控制**：每月至少存下收入的 40%。讓資源

累積,抵擋未來可能出現的風浪。
- **學習與成長**:每月閱讀 1 本理財書,或上 1 次相關課程。強化自己的「航海技能」,準確判斷風向與風險。

別小看這些小目標,它們是最關鍵的起步。就像導航系統一樣,只有當你設好目的地,它才會幫你規劃路線。每完成一個短期目標,就像在茫茫海上看到一座指引的燈塔,讓你知道:我正往對的方向前進。

> **鐵蛋心底話**
>
> 　　千里之行,始於足下。我的第一筆國泰永續高股息 ETF(00878)股息只有 156 元,是從每月 3,000 元的定期定額慢慢滾出來的。那時候的我,從沒想過這筆小錢,有一天會變成我每月數萬元的穩定被動收入。所以別小看每一個小選擇,每天多存一點、多學一點、多堅持一點,你就會慢慢靠近夢想。

中期目標（3〜5年）：資產翻倍，畫出穩定航道

如果短期目標是讓船隻順利離港，適應初航的節奏，那麼中期目標，就是要升級你的船啦！強化結構、儲備資源、提升動力，讓它能穿越更遠的海域，應對各種風浪。

這個階段，你的重點不再只是「出發」，而是「遠行」。你開始學著優化投資組合、提升資產效率，甚至尋找多元收入來源，讓你的航行更穩、更長。鐵蛋的中期目標範例：

- **股息成長目標**：將年度股息從 40 萬元提升至 60 萬元，就像船上淡水製造系統，確保遠行中依舊有穩定補給。
- **資產累積目標**：5 年內淨資產達到 800 萬元，讓你的財務船艙滿載補給，面對變局也能穩穩應對。
- **投資組合優化**：根據市場變化調整高股息 ETF 與市值型 ETF 的配置，就像根據風向調帆，確保航行穩健靈活。
- **額外收入布局**：拓展副業、接案、自媒體、聯盟行銷

等收入來源，讓你不再只靠單一收入撐船，而是擁有多個補給港。

- **房產布局計畫**：開始為房屋頭期款存錢，無論未來要自住、投資或增加資產靈活性，提早準備就像備妥一處可安心靠岸的避風港。

中期目標這個階段，關鍵是擴大資產規模與收入穩定性。你已不再是剛離岸的新手水手，而是能駕馭風浪、調整航線的成熟航海者。

財務自由不是一場短跑，而是一場講求節奏、策略與耐力的長途遠航。而中期目標，就是你穿越更遠航程前必須完成的升級儀式。

所以現在，你要做的就是拿出財務羅盤，調整好你的帆穩穩地向前航行。

長期目標（5～10 年）：航向自由，擁有人生選擇權

當你的船已穿越風浪、儲備充足，你終於可以展開一段無須回頭、無須停靠的遠洋航程。不論航向哪片未知的海域，你都有充分的自由，不再被薪水這座小島束

縛，而是真正擁有自己的人生選擇權。

你繼續航行，不是因為非得這樣做，是因為你熱愛這趟旅程，想去探索更多可能性。鐵蛋的長期目標範例：

- **年度股息突破 100 萬元**：這筆穩定的現金流，就像船上專屬的淡水再生系統，不需外援也能自在生活。
- **淨資產超過 1,000 萬元**：打造橫渡遠洋的堅固船體，無論未來選擇環遊世界、創業、長住海外，這艘船都能帶你抵達。
- **實現「退而不休」的自由狀態**：工作變成選擇而非責任，讓你能專注做喜歡的事，而不是被帳單推著走。
- **實現旅居夢想，自由切換生活模式**：想旅居清邁 1 個月？或飛東京吃碗拉麵？說走就走，不再被預算綁架。
- **被動收入多元化**：不動產出租、股息、聯盟行銷、自媒體收益，這些像是航行中的多重引擎，讓你不用親自駕駛這艘船也能穩穩前行。

長期目標的本質，不是變得超級有錢，而是讓「自

由選擇」成為你人生的日常選項。你可以選擇工作或不工作，旅行或創業，進修或休息，不為錢煩惱，而讓錢成為你探索人生的燃料。

當你真的來到這片無邊際的自由海域時，站在甲板上吹著海風，你會發現，財務自由並非「從此不工作」，而是「你能夠自由選擇，去過你真正想要的生活」。無論是繼續探索遠方未知的世界，還是停靠在某個讓你感到安心的港灣，所有的選擇，都牢牢掌握在你自己的手裡。

這，就是財務自由真正的意義。

每天前進一點 終會抵達目的

「1,000 萬元、2,000 萬元」這種財務自由數字，你是不是也曾經看過一眼就默默把頁面滑掉，心想「這太遙遠了吧？」我懂，因為鐵蛋過去也這麼覺得。但如果我們換個角度來看：1,000 萬，其實就是 10 個 100 萬。100 萬，不過是 10 個 10 萬。而 10 萬，也只是 10 個 1 萬而已。

當你這樣一層一層地往下拆解，你會發現，看似遙不可及的終點，其實就是由一小步一小步累加而成的路。這就像一場長途的航行，沒有人能一夜之間抵達彼岸。

每一段航程都需要規劃、調整、耐心與紀律。只要方向正確，即使每天只前進一點，終有一天，你會抵達那片財務自由的海域。現在的你，只需要專注做好 3 件事：

1. 設定明確的財務目標

別再模糊地說「想有錢」、「想自由」。數字越具體，你的航線就越清楚，就像手上握著一張精準的航海圖，知道自己該朝哪個方向出發。

2. 把大目標拆解成小步驟

與其焦慮地盯著看不到盡頭的終點，不如確實走好眼前的每一步。用月為單位訂出可行的小目標、定期檢視進度，確保你還在正確的航道上。

3. 保持耐心與紀律

這趟財務旅程不會永遠風平浪靜。途中會有波浪、逆風、偶爾想放棄的時候，但只要你願意調整風帆、不

停下划槳，終點就會越來越近。

　　最困難的，從來不是那個看似遙遠的數字，而是你願不願意從碼頭動身，正式啟航。未來的你，一定會感謝現在勇敢行動的自己。

> **🖋 行動指南**
>
> **設定財務目標與行動步驟**
>
> - 為自己設定「短期」、「中期」、「長期」3個具體財務目標。
> - 掃描 QR Code 使用試算工具，試著計算達成目標需要投入多少錢、多少時間。
> - 每個月月底檢視進度，記錄變化，適時調整行動計畫。

\ Check List /
財務目標設定

　　讓你的財務自由不再只是口號，而是一步步實現的旅程，從「盤點現況」到「持續調整」，跟著這份清單來完成吧！

Step 1　盤點現況

☐ 我清楚知道自己的月收入與支出狀況

☐ 我已計算並明確掌握目前的淨資產（資產－負債）

☐ 我已列出所有每月固定支出（房租、貸款、水電、保險等）

☐ 我已完成緊急預備金儲備（至少為 6～12 個月的生活費）

Step 2　設定目標

☐ 我已明確設定短期財務目標（1 年內）

　　☐ 我的短期目標是：_____

　　_____

☐ 我已明確設定中期財務目標（1～5 年內）

　　☐ 我的中期目標是：_____

　　_____

☐ 我已明確設定長期財務目標（5 年以上）

　　☐ 我的長期目標是：_____

　　_____

Step 3 制定行動計畫
☐ 我已計算出為達成目標,每月需儲蓄或投入的金額
☐ 我已建立專屬帳戶或定期定額機制管理這筆金額
☐ 我設定了自動轉帳／扣款,讓存錢變成固定習慣

Step 4 定期檢視與追蹤
☐ 我設定了每月檢視目標進度的固定日期
　（例如每月 1 日或發薪日）
☐ 我安排每半年全面盤點與調整時程
☐ 我已設好手機行事曆或提醒鬧鐘,避免遺忘追蹤

Step 5 靈活應變與持續優化
☐ 我已做好心理準備,若收入或支出有變動,會主動調整目標
☐ 我已思考:若提前完成目標,下一個目標會是什麼?

11

富蛋心態
別在年輕時躺平

你可能聽過這句話,「花得到的是資產,花不到的是遺產。」又或者「錢就是拿來花的啊,不然存那麼多要幹嘛?」聽起來是不是很有道理?曾經鐵蛋也完全認同這種「及時行樂」的金錢觀,我告訴自己:「人生苦短,活在當下最重要!理財什麼的,等以後有錢再說吧。」

直到有一天,人生出現了想都沒想過的轉彎。2020年全球新冠疫情蔓延,工作一夕之間喊停,收入變得不

穩，開銷卻沒有減少，我開始擔心下個月的房租怎麼繳、卡費怎麼還，甚至一度連日常開銷都出現壓力。那時候我才真正明白：**沒有財務緩衝，生活根本禁不起任何一點風吹草動**。那句老掉牙的話，突然變得無比真實：「錢不是萬能，但沒錢真的萬萬不能。」

怎麼看待錢 決定人生高度

很多人以為理財是「等我有錢再開始做的事」，但事實剛好相反，真正決定你財務狀況的，不是你現在的薪水有多少，而是你怎麼看待錢、怎麼管理錢。

如果你選擇在年輕時「先躺平、先享樂」，那未來的你，可能會為此付出很大的代價，但如果你現在就開始改變，哪怕是一點點，未來的你就會擁有更多選擇權與安全感。

鐵蛋想分享「富蛋心態」關鍵思維，這不只是存錢或投資的技巧，而是與金錢相處的態度。鐵蛋認為，理財的終極目標，不是為了變得超級有錢，而是為了活得更自由，為自己真正想要的人生做主。

在東方文化中，談錢常常被認為是俗氣、現實、不夠有深度。我們從小就聽到很多類似的話，「錢夠用就好啦，別太貪。」、「講錢多尷尬，做人要有情義，不要太計較。」但問題來了，越是害怕談錢，就越容易搞不懂錢。久而久之，理財變得很抽象、很難懂，甚至讓你下意識遠離金錢。

而社會的「仇富」心態，也默默影響我們看待錢的方式，例如看見有人捐款做公益的新聞，總會出現這些聲音：「他那麼有錢，當然可以捐啊！」、「真的有愛心，就應該全捐出來！」

這樣的仇富心態，真的能讓我們的生活變得更好嗎？如果你內心總是認為「談錢很世俗」、「有錢人都不單純」、「賺錢很困難」，那麼你會潛意識地抗拒金錢，逃避理財。吸引力法則是這麼說的：**你不喜歡錢，錢也不會喜歡你。**

所以，富蛋心態的第一步，就是改變你看待金錢的方式：

- 從「錢是庸俗的」→「錢是中立的工具」

- 從「有錢人都很勢利」→「我也可以學著聰明用錢」
- 從「談錢讓人不舒服」→「我值得過有底氣的人生」

當你開始用健康的方式看待金錢，行動也會跟著改變，而你的人生就會開始轉彎。你怎麼看待錢，就會怎麼過你的人生。

時間 是最強財富槓桿

如果把人生比喻成一場航行，那麼，時間就是最強勁、也最忠誠的順風助力。你越早揚帆，這股風就能幫你走得越遠、越輕鬆。我爸曾經跟我說過一句話，深深烙印在我心裡：「你今天的生活，是過去 5 年每一個選擇的總和。」你現在有多少存款？你是否常常因為錢感到焦慮？其實，這些狀況都不是偶然，而是你過去每一次花錢、投資，或者是沒有開始投資的結果。

想像有兩艘船，並肩停泊在港口，準備在吉時出航。但就在此時，天空忽然變暗，風雨驟起，海面湧現波濤。

第一艘船抖了抖帆,還是選擇立刻啟航。它知道,只要方向對了,就算風雨再大,只要每天穩穩航行一點點,總有一天能穿越暴風,抵達目的地。第二艘船則搖搖頭,自我安慰地說:「風浪這麼大,現在出發太冒險了吧!不如等天氣好一點再說。」

幾年後再回頭看,第一艘船早已穿越層層雲霧,航向那片自由無拘的蔚藍海域;第二艘船,才剛鼓起勇氣啟航,卻發現現在的風浪更大了,機會也比當初少了許多,想追上其他早已啟程的船隊,光靠熱血已經不夠,還得付出加倍的努力與時間。這,就是「短期思維」與「長期思維」的差別。

短期思維想的是「等風平浪靜再說」;長期思維知道人生從來沒有絕對的好時機,只有是否現在就出發的意願。

取捨平衡 短期享樂 vs 長期自由

「短期思維」只看眼前的快樂,認為只要過得開心,未來的事以後再說,而「長期思維」則願意放大格

局，現在少花一點，為了讓未來更有選擇權。長期思維不代表你要過苦日子，而是學會平衡「當下的快樂」與「未來的自由」。

時間的力量，只會把差距越拉越大。假設你 25 歲開始存錢，每個月投入 1 萬元，年報酬率 7%，到了 45 歲，你將累積約 500 萬元。但如果你晚 10 年才開始，35 歲才開始存，即使每月加倍存到 2 萬元，到了同樣的 45 歲，資產也只有約 300 萬元。

鐵蛋心底話

巴菲特說：「今天有人坐在樹蔭下，是因為很久以前有人種了樹。」鐵蛋曾經只想著快點變有錢，卻忘了真正重要的，是種下正確的選擇與好習慣。

時間，從不拒絕任何願意開始的人。對我們這些小資族來說，資金或許有限，但只要肯種樹、願意等待，終有一天，我們也能在自己種的大樹下安心乘涼、自由呼吸。

你沒看錯,早起步的人,用一半的錢,累積出更多的財富,這就是「時間的複利槓桿」。早開始的人,不只走得輕鬆,也更靠近自由的生活。

問問自己這幾個問題:我願不願意現在多存一點,換來未來更自由的選擇權?10年後的我,是繼續為薪水焦慮,還是已經活在理想生活裡?我今天的選擇,未來的自己會感謝還是後悔?

有了緊急預備金 凡事從容不急

很多人害怕投資,是因為擔心「哪天突然出事,錢不夠怎麼辦?」這種不安我懂,因為人生總是充滿意外,小到電器壞了,大到收入中斷,說來就來。這時候,一筆緊急預備金,就是你最穩的靠山。它不是用來增值的資金,而是讓你在面對突發狀況時,能不慌、不急,有本錢慢慢處理。

我把緊急預備金想成一艘救生艇,平常藏在角落裡沒什麼存在感,但遇上暴風雨,能保你一命。例如突然失業、生病、家人需要支援,甚至生活中那些意想不到

的小破財，這筆錢能幫你撐過去，不用去動原本規劃好的投資部位。

那該準備多少？這筆錢不用太多，但要夠你安心。抓個大概，若月花費 2.5 萬元，就先準備可以支撐 6 個月的 15 萬元；若你偏保守或收入不穩，準備 30 萬元比較踏實。像我自己設定在 20 萬元，拿捏起來剛好：不吃緊、也不浪費資金彈性。

這筆錢建議放在活存或高利定存，重點是能隨時動用。別覺得利息低就不甘願放，因為它存在的價值，是幫你撐過人生的各種突發狀況，不是用來拚績效的。

沒有預備金 投資反而變壓力

我以前也天真地以為：「反正我投資是長期的，市場跌沒關係，放著就好。」但當問題真的來了，比如家人生病、工作不穩，長期投資就可能被迫中斷，股市如果剛好又在低點，你只能忍痛砍單套現，連原本設定好的理財計畫都被打亂。那種感覺，比沒賺錢還難受。

投資要穩，得先讓自己站得穩。投資理財的起點，

不是挑對哪一支 ETF，也不是追報酬率最高的選項。真正該先做的，是幫自己留一筆「萬一」用得到的錢。這樣一來，不管生活怎麼變動，你都不會被推著走。我一直相信，穩定感不是靠錢賺得多，而是你有沒有準備好應付下一次風浪。

固定儲蓄與投資 養成每月習慣

很多人會說：「等我有錢了再開始投資。」但其實真正有效的作法，是反過來的，願意開始投資，收入和資產才會慢慢成長。就像健身，你不會等身材變好了才開始運動，而是每天做一點，成果才會慢慢浮現。理財也是如此，重點在於開始。

大部分人是「收入－支出＝剩下的錢」，結果常常到了月底才發現所剩無幾。

換個順序思考，會更有效，**讓金錢公式為你所用：收入－儲蓄＝支出**。也就是說，一領到薪水，就先把要存的錢轉去另一個儲蓄帳戶，剩下的才用來支出。這樣一來，你不會「看情況再存」，而是確保自己真的能存下錢。

每月存下收入的 10% ～ 20%，別小看這個比例，只要開始就有用，透過自動轉帳設定，你會更容易持之以恆：

- 月薪 4 萬元 → 存 4,000 元（10%）
- 積極一點 → 存 8,000 元（20%）

存下錢之後，就可定期投資，讓錢自動為你打工。存錢雖然重要，但長期來看，光靠存錢難以抵抗通膨。這時就需要每月穩定投入市場，比如 ETF 或大型穩健股票。投資金額可以不大，但重點在於「每個月都做」，長時間下來，資產會像雪球一樣，越滾越大。

> **鐵蛋心底話**
>
> 開一個專用帳戶，設定每月自動轉入固定金額，就算只占收入的 10%，也是一個很棒的開始。不要等「有餘裕再存」，而是先存起來，剩下的再安排支出。投資也一樣，讓它像繳帳單一樣簡單，這就是邁向穩定的第一步。

一開始或許不習慣，但當你持續執行，存錢與投資就會像刷牙一樣，習慣成自然，理財會變成本能。**當理財變成生活的一部分，你的財務狀況也會慢慢改善。**

> ### ⚡行動指南
>
> **改變你的財務思維**
>
> - 列出你對金錢的 3 個負面看法，寫下它們的來源。
> - 將這些負面想法轉換成正向的金錢信念，每天睡前大聲念誦 1 次。
> - 觀察 1 個月內你的消費行為與心態變化，記錄成果。

透過打造多元化收入、投資,
鐵蛋分享親身驗證過的財富增長方法與當下思維。

Part 3

開源節流 增加財富
- 鐵蛋的生財妙計 -

12

鐵蛋的開源大法
擴增多元收入

你有沒有想過──**如果明天不想上班了，你的錢還夠撐多久？**

以前的我也常這樣想，但每次想完都趕快轉移注意力，因為實在不敢面對答案。薪水雖然固定、可預期，卻也是最容易受到外部影響的收入來源。萬一失業，公司突然裁員，或是你真的累了想休息一下，生活馬上就會陷入斷炊。這就是為什麼我開始意識到，與其拚命守住唯一收入，不如早點建立多元收入來源，讓自己擁有

更多退路，也多一點自由。

有額外收入 就不再被錢困住

　　當收入只有一條路，你的選擇也會被它限制住。但如果你開始打造多元收入來源，整個人生會變得不一樣：想換工作，不用硬撐著待在讓你消耗的環境。想請長假去旅行，不會因為少領幾個月薪水就陷入困境。想創業、學新東西，也能更踏實地做出選擇，而不是一直想著「這樣會不會太冒險？」

　　開源，不是要你立刻辭職創業，而是給自己多幾條路可走。

　　我真正開始認真看待這件事，是在 2020 年。當年新冠疫情蔓延，旅遊業全面停擺，我的主要收入一夜歸零，那時我才真正體會到什麼叫做「高風險的單一收入」。那一刻，我問自己一個很現實的問題：**除了領薪水，我還有什麼方法可以賺錢**？所以我開始研究投資，經營副業，建立網站、寫內容、嘗試聯盟行銷……慢慢地，我打造出一個不靠公司也能生存的收入組合。

> **鐵蛋心底話**
>
> 　　現在的我，最期待的是每天早上醒來，看見帳戶跳出「入帳通知」訊息。那帶來的不是賺大錢的爽感，而是一種安心感。
>
> 　　當你不再被某份工作綁死，不再完全仰賴一份薪水，生活就開始有了彈性，心裡也更有底氣。從今天開始打造多元收入，你的生活，不再只能被薪水決定。

主動＋被動 鐵蛋的多元收入來源

　　這幾年，我的收入從「一份薪水」慢慢擴展成了 3 大類，不只生活變得更有彈性，也讓我在面對未來時，多了更多選擇的底氣。

本業收入：穩定但不能依賴

　　我一直在旅遊業工作，這份正職帶來的收入穩定，但經歷疫情那幾年，我深刻體會到：「穩定」也可能是脆弱的假象。如果只靠這一份收入，一旦環境變了，就會馬上陷入不安。所以，我告訴自己：不能把生活綁死在一條路上。

副業與兼職收入：興趣變成現金流

- <u>歐洲領隊</u>：一般來說，專門帶團的歐洲領隊是 1 年帶團 12 ～ 15 次左右，我主要工作是內勤，每年帶團出國 3 ～ 4 次，算是本業的延伸，不只補貼生活，也是我保持旅遊熱情的一種方式。
- <u>社群經營（IG & 部落格）</u>：我分享自己在理財、生活規劃上的心得，慢慢累積讀者與粉絲，開始有業配合作、聯盟行銷的機會，這一切不是偶然，而是「持續分享」的成果。
- <u>寫作與講座</u>：從一篇篇文章到受邀演講，我把過去走過的債務重建與理財經驗，整理成可以幫助他人的內容。不只是收入，更是一種讓人生有意義的回饋。

被動收入：讓錢自動為我工作

- <u>ETF 股息收入</u>：我定期投資 0056、00878、00919 等高股息 ETF，每個月穩穩收到股息，就像多了一台小型提款機，幫我補充現金流。
- <u>推薦碼與聯盟行銷</u>：我會在 IG 分享自己用過、真的

覺得不錯的工具和書，搭配推薦連結，讓喜歡我內容的讀者在行動時也能順手支持我。這是一種「一次努力、長期回報」的模式。

> **鐵蛋心底話**
>
> 　　多元收入來源，讓我不再被一份薪水綁住，就算哪天不想上班了，我也還有其他路能走，生活照樣過得安穩踏實。我不會說我已經財務自由了，但我真的離它越來越近。
>
> 　　如果你現在還只有一份收入、還在為薪水而煩惱，那這一節，會是你財務轉型的轉捩點。

零成本斜槓 打造副業人生

　　「副業是不是一定要投入大筆資金？」以前我也有這個疑問，總覺得要創業，就得租場地、買設備，甚至辭職才能專心經營。但當我真的開始嘗試才發現，在這個網路時代，變現比想像中容易太多，而且，成本幾乎為零。

　　其實，只要你有一項興趣、一項技能，就已經擁有

一個潛在的收入來源。重點不是你現在多厲害，而是願不願意開始。

你可以試著問問自己這幾個問題：我擅長或熱愛的這件事，除了自己快樂，有沒有人會願意為此付費？能不能把它轉化成一種產品、服務，幫助到別人？是否可以透過網路、社群，找到願意支持我的第一批用戶或客戶？

當你開始用「價值交換」的角度來看待興趣，你會發現，很多原本只是打發時間的嗜好，根本是藏著收入密碼的小金礦。

如果你還在找方向，這裡有幾個幾乎零成本、免租店面、人人可起步的興趣變現靈感清單：

- 喜歡寫作→開部落格、寫電子報、出書，或接案寫商業文章。
- 喜歡攝影→販售照片素材、開攝影課程、婚禮／活動外拍。
- 熱愛健身→當健身教練、做運動直播或線上課程。
- 擅長語言→開設語言家教課、翻譯接案，或做語言學習內容。

- 有教學能力→整理你的專長知識,變成一堂線上課程。

　　這些副業不需要大量資本,只需要你願意花時間經營內容、持續學習,價值就會慢慢被看見。像我一開始就是單純分享理財與還債經驗,寫寫心得,整理圖文。沒想到,後來漸漸有了讀者、接到合作,甚至發展成演講、出版的機會。**你擁有的興趣與故事,可能正是別人正在尋找的答案。**

投資自己 報酬率最高的選擇

　　如果有一種投資,風險極低、報酬率極高、還會持續成長,你會想投入嗎?很多人問我:「ETF比較好?還是該投資房地產?」但我最推薦的第一個投資標的是:你自己。

　　剛開始經營IG和部落格的時候,我不會寫文案、不懂設計、拍照亂七八糟。但我開始看書、上課、觀察厲害的人怎麼做。半年後,我的IG追蹤人數突破3萬,開始接到合作機會,賺到了人生中的第一筆額外收入。**這**

一切的起點,不是因為我本來就會,而是因為我選擇學。

投資自己的方式有很多種:考證照,讓你在本業更具競爭力;學語言,拓展國際機會;練技能,不管是剪影片還是寫文案,現在學會,以後可能成為賺錢工具;建立個人品牌,累積的是未來的信任與流量資產。

你現在做的每一點努力,也許短期內看不到成效,但未來的某一天,它們會成為你人生的轉捩點。

很多人會說:「學習是不是很花錢啊?」但其實,投資自己不一定要砸大錢,關鍵是找到適合自己的方式,然後願意持續去做。

這裡整理了幾個實用又平易近人的方法,鐵蛋自己也都親身實踐過,很推薦你試一試:

> 💬 **鐵蛋心底話**
>
> 很多人以為要創業、要斜槓、要副業,就一定得準備很多錢、很多資源。但其實,最難的是開始,而不是工具。你現在會的、熱愛的、經歷過的,通通都是你最寶貴的資產。如果你願意給它們一次機會,也許哪一天,這些興趣會反過來養你喔!

學一項實用技能

無論是投資理財、簡報設計、寫作、行銷,甚至是 Excel 或 Notion 這類數位工具,學會一項新技能,就像幫自己打開一扇新窗。這些能力不只能提升你在職場上的競爭力,也可能幫助你開啟副業、創造額外收入。

善用線上資源

現在的學習方式早已不限於實體課程。從 YouTube、Podcast、電子書,到各種線上課程平台(像 Hahow、知識衛星、PPA),都能用非常親民的價格累積專業知識。如果你想更有系統地提升自己,報名一堂專業課程或考張證照,是很值得的長期投資。

每天閱讀,為生活下訂單

如果你預算有限,那就從「閱讀」開始。不管是商業理財、個人成長、心理學,甚至只是一本改變觀念的故事書,閱讀,都是成本最低、報酬率最高的投資方式之一。

曾讀過一句話,讓我超有感:「閱讀,就是在為理想生活下訂單。」你想過什麼樣的生活,可以從讀什麼

樣的書開始，股神巴菲特也說過「最好的投資，就是投資自己」，而他認為最值得的投資之一，就是「閱讀」。

建立個人品牌，讓專業變收入

如果你對某個領域特別熟悉，也許可以嘗試經營社群、寫部落格、做影片或開線上課程。這些分享，起初可能沒有收入，但它們在累積你的信任感與影響力，未來有可能變現，甚至開出全新的職涯路徑。我就是從分享理財心得開始，慢慢發展出 IG、寫書、接講座，走上了一條我以前從未想過的路。

行動指南

讓自己成為多元收入來源

- 列出你目前擁有的收入來源（正職／副業／被動收入）。
- 思考 3 種你可以嘗試的「開源」方式（如自媒體經營、教學接案、販售二手物等）。
- 選出其中 1 項，在接下來 1 個月內訂下具體行動步驟（例如：建立帳號、拍第一支影片、上第一門課）。

13

鐵蛋的節流大法
存下來才算數

「**月**領 35K 也能投資嗎?」其實存不下錢,不一定是賺得太少,而是花得太多。鐵蛋剛進旅行社時,薪水終於比以前高了一些,每個月還有獎金入帳,感覺手頭寬裕了不少。但錢開始累積的同時,開銷也悄悄膨脹起來。

下班聚餐、假日咖啡廳,一杯咖啡配甜點,一個下午不知不覺就花掉一張「小朋友」。等到開始帶團,收入又再提升,慾望也隨之放大。

那時的我開始會買奢侈品皮夾、刷卡買高價的 Dyson 吸塵器、攝影設備一台接一台，甚至突發奇想打算當 YouTuber，收音設備也一次買齊。每年兩次出國旅行也覺得稀鬆平常，只覺得開心最重要，反正我賺得也夠快。

但是，這種用錢方式好嗎？理財的第一步，不是賺更多，是管好手上的錢。如果你不懂怎麼管錢，就算月薪 10 萬元，也會變月光族；但若能聰明花錢，即使薪水不高，也能穩穩累積資產。

節流不是要你苦哈哈地活著，目的是把錢用在真正重要的地方。這一章，我想和你分享：為什麼「儲蓄率」多寡比薪資數字更重要？「拿鐵因子」是什麼？如何從日常的各種小開銷開始節流？怎麼讓每一塊錢都花得更有價值？

儲蓄率 財務健康關鍵指標

很多人會說：「等我薪水變高就能存更多了。」但試問，真的做到的人有幾個？我曾經也是這樣想，直到

看到身邊有些高薪朋友卻總是月光；相反，有些月薪 3 萬多的人，默默存下幾十萬。舉個例子：

- A 先生：月薪 50K，開銷 48K，每月存 2K（儲蓄率 4%）
- B 小姐：月薪 35K，開銷 25K，每月存 10K（儲蓄率 28.5%）

看出來了嗎？儲蓄不是比賽誰賺得多，而是誰留得多。只要你願意管理開銷，就能提升儲蓄力，讓資產穩穩累積。

你可能會說：「我哪有亂花錢？」很多時候，很多錢不是大筆花掉，而是默默從生活裡流走。從這些常見場景，檢視你是否也有「隱形漏財」的習慣：本來只想買咖啡，結果加了甜點、餅乾，無形中多花一筆。為了省錢買特價衣服，結果買了一堆穿不久的便宜貨，月底看帳單時才驚覺「怎麼又花超過了？」

這些看似不起眼的小習慣，就是讓你「感覺沒亂花，卻總是沒錢」的真正元凶。下一段，我們來聊聊：「拿鐵因子」到底是什麼？

抓出拿鐵因子 控制非必要開銷

「每天一杯咖啡或手搖飲，真的會影響財務嗎？」說真的，以前的我也不太相信，直到某天，我在 IG 限動分享自己新買的筆電，說這台筆電平均下來，比每天喝 30 ～ 50 元的飲料還便宜，結果馬上有粉絲留言驚呼「真的假的？」

真的，這就是現金流的秘密。小錢天天花，可能比大筆消費還傷財。假設你每天上班日都要來一杯咖啡或手搖飲，一杯 45 元，一個月就是 900 元，一年下來要 10,800 元。但我買的筆電，一次花了 27,900 元，可以用 5 年，平均每年才 5,580 元。

看出來了嗎？那些看起來不痛不癢的小錢，長期累積起來，竟然比筆電還貴。不是要你戒掉生活中的小確幸，偶爾來杯咖啡、飲料讓心情變好，當然沒問題。但如果每天都喝、變成無意識的習慣，對荷包跟健康，其實都沒那麼友善。

真正的關鍵不是「能不能花錢」，而是「花得值不值得」。像筆電對我來說，不只是支出，而是投資──

能幫助我寫作、經營社群、進修學習、完成工作，它創造的是價值，而不只是單次消費。

「拿鐵因子」這個詞，指的就是日常生活中那些不知不覺會流失的小開銷，大量累積起來其實是一筆大支出。幫你算幾筆帳：

- 每天一杯 60 元手搖飲 → 每月 1,800 元 → 每年 21,600 元
- 每週聚餐一次，每次 800 元 → 每年 41,600 元
- 各種訂閱制服務（Netflix、Spotify、健身房等）加總每月 1,500 元 → 每年 18,000 元

以上合計每年可能超過 8 萬元。這筆錢，原本可以是旅遊基金、緊急預備金，甚至是你開始投資的第一筆資金。

節流不是過苦日子，而是更有選擇地過日子，不代表要剝奪生活的快樂，而是透過有意識的選擇，讓每一塊錢發揮最大的效益。

我曾經收到一則留言：「生活又不是數學題，為什

麼要這麼計較？」說真的，如果你已經財務自由，當然可以隨心所欲，但如果還沒，至少買東西之前先看看口袋裡有沒有錢，這也是對自己負責。

生活不是數學題，但它是一連串的選擇題。你可以選擇買下一件等同月薪的名牌，也可以選擇為未來的自己存下一筆投資基金；你可以選擇每天小確幸，也可以選擇讓這筆錢幫你累積資產，實現更大的夢想。

聰明消費 5 個實用技巧

與其說節流是委屈，不如把它當作一種聰明的生活策略，**當每一筆支出都對得起你理想中的生活，你就會發現：節流其實是最有力量的自由感**。分享 5 個實用的聰明消費技巧。

1. 別讓開銷隨著收入同步膨脹

加薪後換新手機、升級生活品質，適當犒賞自己沒問題，但如果每次收入一增加，支出也跟著飛漲，存款數字就永遠只停留在起跑線。

與其花得更多，不如把這筆「額外收入」轉存起來，

提高儲蓄率，讓加薪真正變成財務上的進步。

2. 用「每小時工資」評估消費

買東西前先換算一下：你需要工作多久才能賺到這筆錢？比如說，時薪 200 元，想買一雙 3,000 元的鞋子，就是 15 小時的時間成本。問問自己：這雙鞋值得我花 15 小時的努力嗎？

用每小時工資評估消費的這個習慣，會大幅減少你對衝動購物的次數。

3. 減少為了方便而產生的開銷

很多花費其實不是必要，只是你懶，例如去超商買水要花 25 元，在超市買只要 10 元；叫外送每餐多花 50 元，1 個月下來超過 1,000 元。這些小差距，累積起來就是旅費、是緊急預備金、甚至是你的第一筆投資本金。

4. 使用「48 小時購物法則」

看到喜歡的東西，先放進購物車，冷靜 48 小時再決定。你會發現，原本的「好想要」，2 天後可能變成「好像還好」。這個方法不僅能降低衝動購物，也能讓

你更清楚自己真正需要什麼。

5. 善用優惠，但不為了優惠而花錢

既然要花，何不讓它替你多賺一點？信用卡現金回饋、集點、優惠折抵都能幫你省下不少錢，行動支付或特定平台活動也能讓你在日常支出中「偷偷加薪」。但請記住：有折扣不代表非買不可，優惠不等於省錢。買不需要的東西，不論多便宜都是浪費。

節流 讓每一分錢都花得值得

很多人一聽到「節流」就聯想到委屈自己、生活變苦，但其實節流從來不是逼你不花錢、摳門，而是幫你更聰明地花錢。想像你每一筆支出都像是「投資」，你的目標是花得值得、花得開心、花得有回報。請記住這 3 件事：

- 節流不是過苦日子，是把錢用在對的地方。
- 儲蓄率比收入更重要，能存才是真的賺。
- 減少沒意義的花費，才能增加有意義的選擇權。

🏁 行動指南

有效節流這樣做

- 翻出你最近 3 個月的記帳資料或信用卡帳單,找出 3 項「其實可以不用花」的支出。
- 訂下具體目標:每月減少支出 5,000 元,並寫出實際可執行的方式(例如一週少叫 2 次外送)。
- 每週回顧節流成果,寫下「這樣做帶來的感受」,比如安心、踏實、沒那麼焦慮等等,讓節流更有成就感,也更有動力持續下去。

14

錢不能只存銀行 啟動複利引擎

　　有次朋友問我:「一定要投資嗎?我乖乖把錢存銀行,不也挺安全的?」說真的,我當下愣了一下,因為我也曾經這麼想。存款看起來穩穩的、不會波動,好像沒什麼不好。

　　我反問他:「你知道 10 年前的 100 萬元,現在的購買力大概剩多少嗎?」他搖搖頭。我說:「大約只剩 70 萬元。」他驚訝地睜大眼:「怎麼可能?錢還在啊!」我回答:「錢是還在,但物價漲了。以前一碗滷

肉飯 30 元，現在 50 元。你帳面上的金額沒變，可是能買到的東西卻變少了。」

通膨／你看不見的財富小偷

這就是通貨膨脹的威力，光存錢，是無法實現財務自由的。我以前也以為把錢乖乖存進銀行就是最穩健的作法，直到發現——**真正讓人變窮的，不是投資，而是不投資。**

這一章，我想和你聊聊：為什麼光靠存錢無法讓你財務自由？通膨如何悄悄偷走你的購買力？時間以及複利的力量如何加速資產成長？為什麼投資不是賭博，而是策略運用？

「你以為你在存錢，但其實你的錢正在變少。」第一次聽到這句話，我也不太相信，但後來某天我站在便利商店前，看著價目表發愣，「蛤？御飯糰 40 元？以前不是 25 元嗎？」

錢沒不見，但能買到的東西卻變少了，這就是通膨，它不像股市漲跌那麼明顯，但會慢慢、一點一滴偷

走錢的價值。來看看這些例子：

- 2012 年，麥當勞大麥克套餐 99 元→現在 159 元
- 2015 年，電影票 210 元→現在 320 元
- 2016 年，御飯糰 25 元→現在 40 元
- 2018 年，台北手搖飲平均 30 元→現在至少 50 元起跳

不用回到 20 年前，只要看過去 5～10 年，就能明顯感受到「錢越來越不值錢」。更現實的是——你薪水的成長速度，往往比不上通膨的速度，通膨每年可能是 2%～3%，但你每年有調薪超過這個幅度嗎？如果沒有，那你不只是「存不到錢」，你辛苦存下來的錢還在縮水。

> **鐵蛋心底話**
>
> 我們努力工作不是為了把錢鎖在銀行裡慢慢縮水，而是希望有一天能過上有選擇權、不被金錢綁架的生活。投資的本質，不是賭一把，而是策略性地讓錢發揮最大價值，真正替你工作。

這也是為什麼，光靠儲蓄根本不足以實現財務自由，與其眼睜睜看著錢變薄，不如主動學習投資，讓你的錢不只不變少，甚至能「自己變多」。

複利／讓錢自己長大的魔法

愛因斯坦說：「複利是世界第八大奇蹟。」因此我說一筆 10 萬元的投資，經過時間的發酵，有可能長成超過 76 萬元，你還會覺得太誇張嗎？這其實就是複利的力量。

假設你把 10 萬元投入在年化報酬率 7% 的資產中，不去動它，30 年後，它會成長到超過 76 萬元。反觀，如果把這筆錢放在銀行定存，年利率 1%，30 年後也不過變成 13.5 萬元；還得考慮物價上漲、通膨侵蝕，你的實際購買力可能比現在還更弱。

你還記得小時候存壓歲錢嗎？長輩總說：「存起來，以後就能買東西。」但很多人最後發現，那筆錢存了 10 年，數字雖然沒變，但實際價值越來越低。如果當時選擇投資股票或是基金，那筆壓歲錢可能早就幫你滾出一

筆可觀收益了。來看一個真實模擬：

- 小 A：25 歲開始投資，每月投入 5,000 元，年報酬率 7%，到 55 歲時資產約 610 萬元。
- 小 B：35 歲開始投資，每月投入 10,000 元，年報酬率 7%，到 55 歲時資產約 520 萬元。

雖然小 B 投資的金額比較多，結果卻比不上小 A，因為小 A 擁有的是「時間」這個無敵盟友。

啟動複利引擎 別等有錢才開始

很多人會問我：「薪水不高，還需要投資嗎？」我懂這種掙扎，剛開始還債的那幾年，我也是薪水扣掉房租、交通費就幾乎所剩無幾，但我還是決定每月一發薪就先扣一點錢，哪怕只有幾百元，也自動轉到投資帳戶。結果不到 1 年，我居然默默累積了一筆小資產，不是因為金額多，而是因為我早早開始。

你越早行動，時間就越站在你這邊。你或許想問「現在開始，還來得及嗎？」當然來得及！最理想的投資時

機是 10 年前，但如果錯過了，現在就是最好的起點。種樹乘涼是同樣的道理，如果 10 年前種下那棵樹，或許今天你就可以在樹下乘涼，但如果當時沒種，今天最該做的事不是後悔，而是趕快動手種下你的第一棵樹。

複利雖然慢，但時間非常公平。你種下它，它就會默默長大。**投資就是啟動複利引擎，但它不是賭博，而是讓錢幫你工作。**

小時候，爸媽常說：「賺錢不容易，存錢更難。」那時的我只知道把零錢塞進小豬撲滿，看著它一天天變重，就覺得自己很會理財。直到大學入學那年，爸媽拿給我一本存摺，笑著說：「這是你從小到大的壓歲錢，以後有需要就拿去用吧。」翻開一看，哇！裡面竟然有 10 萬元，那時我心想：「這筆錢夠我撐好一陣子了吧！」

後來某天閒來無事，我拿著這本存摺去銀行刷了一下，看到半年利息大約只有 300 多元，心裡一驚：「蛤？這樣只夠吃 2 次麥當勞吔！」那一刻我突然意識到，錢雖然還在，但根本沒有變多，甚至早就被通膨吃掉了。

如果當初拿去投資，會變成什麼樣子？假設把時間

倒轉到 2012 年，當時不是把這 10 萬元放進銀行，而是一次性投入台股 ETF 元大台灣 50（0050）。根據實際數據回測：

- 投入金額：10 萬元
- 投資期間：2012 年～2024 年（13 年）
- 累積股利：約 27.9 元／股
- 總報酬金額：接近 56 萬元

圖表 14-1　10 萬投入元大台灣 50 的結果

資料來源：MoneyCome

這代表什麼？投資報酬率約 454%、年化報酬率約 14.1%，而且這還只是單筆投入、沒追加資金；如果再把領到的股利繼續投入，透過複利效應，成果會更驚人，有興趣的讀者可上 MoneyCome 網站（www.moneycome.in）試算。

錢不動，就只是數字；錢開始工作，才會變成資產。 以前的我，以為存錢才是穩當的作法，現在我則知道，不讓錢動起來，才是風險最大的選擇。如果這 10 萬元只是靜靜地躺在銀行，今天還是那個數字，但買到的東西卻變少了。若讓它進入投資市場、開始滾動，這筆錢會長大成一筆可觀的資產。

> **鐵蛋心底話**
>
> 投資不是賭博，而是幫自己的錢找份工作。讓它每天去上班、幫你打拚，哪怕你正在休息，它都還在默默努力幫你累積未來的自由。

為自己種樹 現在就是最好時機

很多人對投資有疑慮,最常問的一句話就是:「萬一賠錢怎麼辦?」但鐵蛋想說的是:真正該擔心的,不是投資會不會賠錢,而是你不投資,錢肯定會變少。

請記住這 3 件事:
- 錢放在銀行,只會越來越不值錢。通膨就像看不見的小偷,慢慢偷走你原本擁有的購買力。
- 投資不是賭博,是一種長期策略。靠時間與紀律,讓錢逐漸長大。
- 讓複利為你堆出財富雪球。你的財富雪球不會一開始就滾得很大,但只要你夠早開始、持續投入,它終將變成一筆可觀的資產。

別讓未來的自己,在更熱的夏天裡後悔:「當初怎麼沒趁早種棵樹?」你現在的每一筆投入,都是為未來的自己撐起一片綠蔭。別等明天才開始,現在,就是最好的時機!

> **行動指南**
>
> **重新檢視你的金錢觀**
>
> - 寫下你對「投資」最擔心的 3 件事（例如：怕賠錢、怕看不懂、怕沒錢投資）。
> - 找一部影片、一本書，或請教一位信任的朋友，把這些問題釐清，轉換成新觀念。
> - 訂下你的第一個「投資行動日」，哪怕只是每月 1,000 元的定期定額，也是一個重要的開始。

NOTE

從挫敗中記取教訓，
鐵蛋彙整新手入門、使用各種投資工具的心得。

Part 4

善用工具
- 鐵蛋的投資理財百寶箱 -

15

投資3元素：
本金、時間、報酬率

生活中很多事情都有「黃金3要素」，只要抓準核心3元素，結果通常會讓人滿意，例如：燒肉的美味秘密：肉質、火候、醬料，三者缺一不可；拉麵的靈魂：湯頭、麵條、配料，少了一個，整碗拉麵就會走味；一趟難忘的旅行：目的地、時間、旅費，搭配得當，才能創造一輩子難忘的回憶。

生活中許多成功的關鍵，都圍繞在這種「3元素」的完美平衡中，投資理財當然也不例外。

在投資的世界裡，決定你財富能否穩定增長的 3 大關鍵，就是：本金、時間、報酬率。

三者就像燒肉的火候、拉麵的湯底、旅行的規劃，缺了任何一個，都會影響最後的結果。本金決定你的投資規模，時間讓你的資產有複利增長空間，而報酬率則是決定你資產累積速度的重要關鍵。

這一節，我們就來聊聊如何善用本金、時間與報酬率，讓你的財富穩健增長，一步步靠近財務自由！

持續增加 本金小也有希望

有句話這樣說：「本大利小利不小，本小利大利不大。」聽起來有點像繞口令，但意思很簡單：本金夠大，就算報酬率普通，獲利也能很驚人；本金太小，就算績效再漂亮，結果也只是小數字。舉個簡單的例子：

- A 先生有 5,000 萬元，就算報酬率只有 3%，1 年也能輕鬆獲利 150 萬元。
- B 小姐只有 10 萬元，即使報酬率高達 20%，1 年也才獲利 2 萬元。

這就像兩個起跑點不同、速度也差很多的跑者。如果你現在的本金很少,是不是就注定一輩子跑輸?答案是:不一定。

　　看到這裡你可能會想「本金小的人,是不是就沒有希望了?」但其實重點並不是本金大小,而是本金能不能持續增加。本金的增加來自於:

- 穩定存錢,讓你的投資資金持續增加。
- 持續投入,讓時間發揮複利效果。
- 專注本業加薪、發展副業,爭取投入更多的本金。

　　舉個例子:你今天投資了 6,500 元,即使報酬率高達 50%,你也只賺 3,250 元。但如果你的本金是 65 萬元,同樣 50% 的報酬,收益就會達到 32.5 萬元。

　　以我自己為例,2023 年我總共買 5 次元大台灣高息低波 ETF(00713)零股,累積買進 190 股,總成本約 6,500 元。當時報酬率很漂亮,含息報酬率高達 53.99%,不含息也有 31.92%。

　　報酬率聽起來很厲害吧!但當我點開投資帳戶時才

發現，我的未實現獲利只有 3,504 元而已。不是績效不好，而是本金太少，就算漲得漂亮，也沒辦法「感受」到財富成長，如果當時我能持續定期定額投入更多資金，現在的資產就更豐厚了。

許多人害怕市場波動，就選擇暫停投資，但事實上，當你的本金停滯不前，資金就無法繼續累積報酬，複利的魔法也會因此停止。

時間 決定財富樹會長多大

本金就像一顆種子，會決定未來這棵財富樹長多大。現在種下的是一棵小苗，只要定期澆水（儲蓄）與施肥（投資），它就會長成遮風避雨、開花結果的大樹。投資之路都是從小本金開始累積的，只要持續種、持續養，這棵樹總有一天會長得足夠茁壯。

如果本金是種子，那麼時間就是陽光和水分，像位隱形助手，默默地滋養著你的投資，讓它慢慢發芽、茁壯，最後長成一棵健康大樹。

但時間的力量常常被低估，因為它不像本金那樣看

得到、摸得著,也不像報酬率能夠立即用數字衡量效果。它的效應,須透過長期累積才會真正顯現出來,一旦發酵,影響力絕對超乎你的想像。

股神巴菲特曾經說:「人生就像滾雪球,最重要的是找到又濕又長的坡道。」理財就是這樣一場需要長坡與濕雪的遊戲,你開始得越早,坡道就越長,雪球也滾得越大。

剛開始也許看不到明顯差異,但時間一拉長,成果會用指數級成長來回報你。但如果你滾了一下就停,坡道太短或太乾,雪球還沒成形就散了。時間的長短,影響你財富雪球的大小。

為什麼時間這麼重要?投資的 3 要素是本金、報酬率、時間,其中**時間是唯一不用你掏錢,卻能幫你賺錢的要素**。它公平、屬於每個人,但越晚開始,這個優勢就越快消失。

很多人到了 40、50 歲才想開始理財,卻發現自己能利用的「坡道」太短,這時再怎麼努力投入本金、追求高報酬,也很難彌補時間流失的複利優勢。以下這個

你不得不相信的數字差距,我們再複習一次:

小 A:25 歲開始投資
- 每月投入 5,000 元
- 年報酬率 7%
- 到 55 歲,總資產約 610 萬元

小 B:35 歲才開始投資
- 每月投入 10,000 元(足足是小 A 的 2 倍)
- 年報酬率 7%
- 到 55 歲,總資產只有 520 萬元

　　你沒有看錯,小 A 投入的總金額只有小 B 的一半,但因為提早 10 年起跑,最後資產卻足足比小 B 多了 90 萬元!

　　「時間還早,以後再投資」是常見的思考誤區,很多年輕人會覺得「我現在還年輕,等薪水更高了再開始投資吧。」但當你覺得薪水終於夠高的時候,時間早已悄悄流逝。

　　試想一下,40 年前你用 100 萬元就能買下一棟房

子，現在這筆錢可能連一個車位都買不到。相同的道理，20 年前你每個月只要存下 5,000 元進行投資，今天就可能累積出數百萬元的資產。但如果你現在才開始，即使存錢額度加倍，結果也無法追上那些比你更早開始的人。永遠要記得，時間是你財務自由旅程上最好的夥伴，越早開始，複利的力量就越強大。

合理報酬率 讓財富樹穩穩長大

如果本金是種子，時間是陽光與水分，那麼報酬率，就是決定這棵樹長得多快的養分。養分充足，樹木就能健康茁壯，長出濃密的樹蔭；但如果急著讓它快快長大，胡亂灌溉、施肥過頭，反而可能讓整棵樹枯萎。

在投資的世界裡，報酬率決定了資產增長的速度，但比起單純追求高報酬，更重要的是控制風險。因為這棵財富之樹，不只要長得快，還要長得穩，才能真正撐起你未來的財務安全感呀！

什麼是「合理的報酬率」？報酬率越高，資產增長的速度當然越快，但如果這個速度太不穩定，甚至可能

突然暴跌,那就像一棵長得太快卻根基不穩的樹,一陣風暴就可能把它連根拔起。

有點難懂嗎?鐵蛋這裡舉幾個例子:

圖表 15-1　不同報酬下的財富樹生長狀況

投資方式	比喻	風險與成長性
定存 1%	放在小盆栽裡的植物	穩定、安全,但長得慢
ETF 年化報酬 7%	陽光下自然長成的大樹	穩健向上,可長期成長
當沖、短線炒股 20%↑	打了激素的植物	可能迅速暴衝,也可能馬上枯萎

很多新手剛開始接觸投資時,會忍不住想:「報酬率越高,資產不就漲得越快?」但這種想法就像是瘋狂給一棵小樹灑肥料,結果還沒等到樹長大,根就已經先被養壞了。

不需要追求「最高」的報酬率,而是找到「合理穩定」的報酬率,並且長期堅持下去,穩穩賺,才是真的賺。投資新手最容易犯的錯誤,就是想要賺快錢。這就像有人種樹,看見鄰居的果樹結實纍纍,心急地想「我

該換成長更快的嗎？」於是拔掉原本種下的樹，換了一棵新的，結果沒多久又換另一棵，從來沒讓一棵樹真正紮根生長，一換再換，什麼也沒留下，土地也越種越貧瘠。投資也是如此，短線操作、頻繁換股，反而讓你錯失資產自然穩健成長的機會。

再複習一次，本金是種子，時間是陽光與水分，而報酬率則是決定這棵樹能長多高的養分。只要選對土壤，耐心灌溉、施肥，時間最終會讓你的財務之樹枝繁葉茂，為你帶來財務自由，但千萬記得，凡事過猶不及，追求過高的報酬率，就像給樹施過量化肥，可能樹還沒長大，根基就壞掉了。投資真正重要的，不是追求最高的報酬率，而是找到「穩定且適合自己」的投資方式，持續投入、加大本金，讓時間發揮最大的複利效果。

種子已經在你手上，現在就選擇適合你的土壤，接下來，鐵蛋會帶你從投資基礎知識開始，一步步找到最適合你的投資標的！

🧭 行動指南

現在就開始種你的財富樹

- 明確寫下你現在可用來投資的本金金額。
- 使用書中提供的試算公式或 QR Code 試算表（見 P.119），計算不同報酬率下，累積到你理想財務目標所需的時間。
- 根據你的計算，建立具體的投資計畫，例如「每月定額投資 5,000 元到指定的 ETF」。

16

鐵蛋的投資組合 讓錢為你工作

你是不是也曾有這樣的經驗:每次發薪那天,信心滿滿這個月一定能存下錢,結果月底一看帳戶餘額,只剩滿滿的問號,「蛤?我的錢去哪了?」

努力上班、收入變多,卻發現存款始終停滯不前。房租、水電、聚餐、偶爾放縱一下……每一筆看起來都不多,但加總起來讓錢包就像個破洞的水桶,怎麼也留不住錢,讓人不禁開始懷疑是不是要靠兼差、加班,才能多存一點?

但後來我才發現一個殘酷的真相：努力工作賺錢，能讓你活下來，但只有讓錢幫你工作，才能自由生活。

累積自由的本錢 別只靠賣時間

即使你每天工作 18 小時，收入還是有限，因為它完全依賴你的時間和體力，當你的體力用完，或不想再賣命了，收入也會瞬間歸零。但如果你開始投資，你的錢就能在你睡覺時繼續努力——它 24 小時工作、不請假、不會抱怨，卻默默幫你一點一滴地累積自由的本錢。

就像巴菲特說過的那句經典名言：「如果你沒有找到在睡覺時也能賺錢的方法，你就得工作一輩子。」

過去我以為投資是有錢人的專利，直到親身經歷才知道，投資不是選擇題，而是每個人都該具備的基本技能。這一章節，我想和你聊聊這些投資觀念：

- 股票、債券、ETF 到底是什麼？怎麼投資？長期投資跟短期交易，哪一種更適合年輕人？
- 被動投資的威力，如何輕鬆累積你的資產？
- 資金控管技巧，讓你手上永遠有現金可以隨時加碼。

最後，我也會跟你分享我自己真實的投資組合，個股、ETF 到底要怎麼配置比較穩妥。如果你也想掌控生活、讓錢為你工作，這一章會是個好的起點，我們開始吧！

股票、債券、ETF 到底是什麼？

還記得第一次去菜市場買菜的感覺嗎？攤位上滿滿的選擇，有魚有肉有青菜，讓人看得眼花撩亂，忍不住問：「這個怎麼煮？那個會不會太貴？我真的用得上嗎？」

第一次踏進投資市場，其實也是一樣的感覺。股票、債券、ETF、基金……琳瑯滿目的商品排在眼前，光看名字就快頭暈了，心想「到底要從哪裡開始？哪一種才適合我？」

其實，投資就像逛菜市場一樣，每一種工具就像食材，都有它的特色跟用途，沒有一定誰好誰壞，而是要看你的需求跟風險偏好來做選擇。有些人喜歡單純一點，選擇少但品質好的大盤型 ETF；有些人則喜歡自由搭配，投資不同類型的個股，組合出自己的料理。不管

你選擇哪一種,你必須先認識這些投資工具是什麼、適合什麼樣的人,才能決定該怎麼配置你的「投資菜單」。這裡,鐵蛋先幫你快速認識 3 種常見的投資工具,一次搞懂它們的差別:

股票:當股東 享受企業成長果實

如果你想過「投資一家有前景的公司」,那麼買股票就是最快的方式。只要買下一家公司的股票,你就成為它的小股東,未來如果公司賺錢、股價上漲,你就能從中獲利;如果公司配息,你還能每年領到現金股利。

不過,股票的價格波動很大,可能今天上漲、明天就大跌,像坐雲霄飛車一樣,因此比較適合願意長期持有、心態穩定的投資人。

Q1:買股票會不會很貴?要準備多少錢?

台灣股票市場每次買賣的單位是 1 張(1,000 股),舉例來說,如果股價是 50 元,1 張就要 5 萬元。但現在市場機制可提供「零股交易」,讓你可以少量入手,例如買 10 股、50 股,不需要動輒好幾萬元,入門門檻

低很多。

Q2：股息 vs 股價成長，到底哪個比較重要？

這其實要看你的投資偏好：如果你想要「資產增值」，可能會比較關注股價的漲幅；如果你想要「穩定現金流」，那股息就是你的重點。

股息常用的指標是「股息殖利率」，計算方式如下：

> 股息殖利率＝（每股配息 ÷ 股價）×100%

舉例來說，一檔股票股價 100 元，配息 5 元，那殖利率就是 5%。如果你投入 10 萬元，股價不漲不跌，每年就能領回 5,000 元現金股息，等於每年幫你多了一筆被動收入。

總結一句話，股票像是一把雙面刃，能帶來高報酬，也伴隨著高波動。選對公司、長期持有，通常能累積不錯的成長。

債券：比定存好、比股票穩

如果說股票是買下公司的一部分，跟著它一起冒險

成長,那麼債券就像當個穩健的包租公——不追求一夕致富,只求每個月都有固定租金進帳,穩穩收錢、安心入睡。債券的本質其實很簡單,就是你把錢「借」給政府或企業,對方答應定期付你利息,等期限到了再把本金還你。

你可能會問:「這不就像銀行定存嗎?」沒錯,概念上很像,但通常債券利率比銀行存款高一些,同時風險又比股票低不少。

誰適合投資債券?
- 本身風險承受度比較低,想穩穩累積資產的人。
- 想要每年領息,有穩定現金流的人(例如準備退休的人)。
- 想降低投資組合波動、在股市下跌時保留一塊防禦區的人。

舉個例子:美國公債、投資等級公司債通常會提供每年固定利息,即使股市大跌,這些債券還能幫你穩住資產、避免帳面大出血。

投資債券要注意什麼？

債券雖然比股票穩定，但也不是完全沒風險。最大的風險來自「利率變化」：

- 利率上升→舊的債券價格會下跌
- 利率下降→舊的債券價格反而上漲

所以，買債券最重要的一點是：你準備持有多久？能不能抱到到期？如果你只是打算短線進出，那債券可能不如你想像中的那麼穩。

==債券就像升級版的定存：不能發財，但能讓你安心睡覺==；想靠債券翻身暴富，難！但如果你希望資產不要大起大落、每年穩穩有錢進帳，那債券就是很好的選擇，尤其在市場劇烈震盪的時候，你會很慶幸自己有一部分資金放在這個安穩的角落，不用每天緊盯股價起落，也不用擔心打開投資帳戶，血壓就飆升。

ETF：自動搞定的投資組合

以料理比喻，股票（個股）像單點料理，每次點

餐前都要仔細研究菜單，慎選一道合適的主菜；債券像是一碗溫和養生的湯，低風險、低波動，安心慢慢喝；ETF 則是投資界的自助餐，幫你一次把主食、配菜、營養都準備好，不用費心挑選，只要拿起刀叉享用。

ETF 的全名是「指數股票型基金」，簡單來說，**它是一籃子股票的組合，你只要買一檔 ETF，就等於同時買了很多家公司的股票**。它的好處，就是不用擔心成分股中的哪一家公司突然倒了、股票暴跌，因為你的資金已經自動分散了。

ETF 有哪些優點？

- **風險分散**：一次持有多檔股票，就算其中一檔表現不好，也不會拖垮你的全部資產。
- **適合懶人**：不用每天盯盤研究財報，買進之後就放著，超適合沒時間研究的上班族。
- **交易簡單**：跟股票一樣能直接買賣，想要進出，隨時都能操作。
- **進場門檻低**：小資族也能用「零股交易」進場，100 元就能開始投資。

看懂 ETF 種類 避免踩雷

鐵蛋幫你用「義大利菜」當比喻,列舉台、美市場具代表性的 ETF,快速掌握常見 ETF 類型:

- <u>大盤型 ETF(0050、VOO)</u>——**義大利麵**
  主食型投資,穩穩賺取市場的平均報酬,不用擔心踩到雷,長期下來非常扎實可靠。

- <u>高股息 ETF(00878、VYM)</u>——**披薩**
  每年穩定配息,適合想要現金流、定期「領紅包」的朋友,吃下去非常有滿足感。

- <u>主題型 ETF(00929、ARKK)</u>——**特色燉飯**
  專注在特定產業,例如科技、醫療,口味特別,但波動也比較大,適合對某個領域特別有興趣的人。

- <u>債券型 ETF(TLT、BND)</u>——**義式濃湯**
  穩健保守,股市大跌時,為你的資產撐一把傘,保護你的本金跟睡眠品質。

- <u>槓桿與反向 ETF(00631L、SQQQ)——超辣墨西哥義大利麵</u>
  波動超刺激,賺錢的時候爽爽賺,賠錢的時候眼淚也

流得很快,適合「心臟夠強」或願意冒風險的人。

投資風格百百種 尋找你的那一種

每種投資都有它的特色,重點不在於哪個最好,而是哪個最適合你。你可能聽朋友說「ETF 很好」,但如果你就是很喜歡研究個股,天天追財報,那也不需要勉強自己跟著買 ETF。就像我很愛吃披薩,朋友卻說燉飯比較好吃,但我吃過之後還是覺得「啊,還是披薩才對我的胃!」投資也是一樣,適合自己最重要,不要因為別人說哪個比較好,就硬是要吃自己吃不慣的東西,到最後不只吃不下,連睡都睡不著。

人生最重要的選擇,無論是工作、戀愛還是投資,都應該是你自己真心喜歡、吃得下去的,才會走得長久呀!接下來,我談長期投資和短期交易,哪種策略適合年輕人。

短期交易 每天都像坐雲霄飛車

許多人對投資的第一印象,來自電影裡那群穿著

西裝、盯著螢幕、飛快敲打鍵盤的華爾街交易員,幾秒內買進賣出,住豪宅、開跑車,人生一帆風順。但是,現實沒有這麼華麗,多數短線交易者最後收穫的不是財富,而是壓力和帳戶裡逐漸消失的本金。

歷史上有位被稱為「投機之王」的短線傳奇人物——傑西・李佛摩(Jesse Livermore),他14歲就踏入市場,靠短線交易賺到超過1億美元(換算成現在的價值,是數十億元等級)。聽起來很神,對吧!但隨著市場的劇烈波動,他幾度破產,最終甚至走向極端,親手結束了自己的生命。

確實,短線交易可能一夕致富,但風險也同樣巨大,你不只要猜對市場走勢,還得比全市場的人更快、更精準,才有機會活下來。

分享鐵蛋過去那段短線交易的經驗,當時因為想快速累積本金,所以嘗試進行當沖及短線波段交易。

曾經我也幻想過當個帥氣的日內交易者,早上進場、下午收工,晚上數鈔票。那時我試著當沖、波段操作,每天緊盯盤勢、看技術指標(KD、MACD、均線

排列⋯⋯），還設定了選股條件，想走出自己的風格，結果呢？股價一跌，我就懷疑是不是該停損；股價漲了，捨不得賣，結果又跌回原點，只能滿腹懊悔；每天心情跟著市場起伏，上班無心、睡覺難安，還懷疑人生。

就算設了再多策略，還是被情緒綁架，我做短線交易時賺的不是錢，是壓力。於是我下定決心轉換方向，放棄短線操作，轉向長期穩定的 ETF 定期定額投資。

> **鐵蛋心底話**
>
> 如果你心理素質沒那麼強，或平日沒有時間密切關注市場，短線交易可能不適合你。透過自身經驗，我才理解投資最重要的，是找到適合自己個性的投資方式。

短線交易的 3 大問題

- **超級耗時間**：每天盯盤、分析趨勢，市場不關門，你的心也就關不了。
- **交易成本高**：頻繁進出，手續費、證交稅吃掉大部分獲利。

- **難以長期穩定獲利**：短期獲利很多時候靠運氣，一旦市場反轉，連本金都可能回不來。

總之，短線交易就像每天進賭場，輸贏很刺激，但風險極高。如果你沒有極強的心理素質與大量時間，恐怕不太適合走這條路。

長期投資 讓時間替你工作

現在，讓我們看看長期投資又有什麼優勢，為什麼它更適合大多數年輕人穩定累積財富。

我開始接觸長期投資後才明白，投資並不在於衝刺，而是追求穩定的成長。短期市場波動確實難以捉摸，但只要把時間拉長，贏的機率會大大提升。

如果說短線交易像是衝浪，講求時機、節奏、膽量；長期投資就是遠洋航海，重視的是方向正確、船夠穩、耐得住長途行程。

長期投資的「長期」有多長？鐵蛋自己的定義是：至少 5～10 年以上，甚至是一輩子。 因為，當你拉長

投資視野，短期市場震盪就沒那麼可怕；企業的成長、經濟的穩定發展，終究會反映在你的報酬裡，正如那句投資界名言：「只要選對標的，長期投資勝率幾乎是100%。」

長期投資的 3 大優勢

- **讓時間為你累積財富**：長期持有優質資產，不用整天盯著短期漲跌，時間會幫你賺錢。
- **生活自由度大幅提升**：不用天天關注股市的起伏，省下時間專注本業、家庭、生活興趣，擁有更高的自由度。
- **透過股息與複利，打造穩定的被動收入**：一旦能定期領股息，並持續複利滾動，你距離財務自由就更近了。

以台灣的 0050 為例，它自 2003 年掛牌以來歷經無數次市場震盪，但長期仍穩定向上。來看看 0050 歷經過哪些嚇壞投資人的大崩跌：

- **2008 年**金融海嘯：全球市場慘跌，0050 跌幅高達 60%

- **2011 年**歐債危機：歐洲經濟不穩，跌幅 22%
- **2015 年**中國股災：中國股市崩盤，跌幅 25%
- **2020 年**新冠疫情：市場恐慌，跌幅 30%
- **2022 年**美國升息縮表：資金緊縮，跌幅 23%

這些當時看似「世界末日」的大跌，如果你拿現在的市況回頭看，就會發現每次大跌其實都是進場好時機。市場震盪在所難免，但長期向上才是股市的基本走勢。看看 0050 的成長軌跡：

- **2003 年**剛上市：價格約 20 元
- **2013 年**歷經金融海嘯後：價格依然攀升至逼近 50 元
- **2023 年**飽受新冠疫情與升息衝擊：價格接近 140 元

（註：0050 於 2025 年 6 月 18 日完成分割 1 拆 4，每股淨值、市價除以 4。）

0050 的例子證明了市場短期雖有波動，但時間拉長後，優質標的終究保持向上趨勢。長期投資有這麼多優勢，為何不大家都這麼做呢？我說個故事：

有一次，Airbnb CEO 布萊恩・切斯基（Brian

Chesky）和亞馬遜 CEO 傑夫・貝佐斯（Jeff Bezos）聊到他們共同偶像股神巴菲特。切斯基問貝佐斯：「巴菲特投資策略那麼簡單，為什麼不每個人都照做？」

貝佐斯回憶起某次與巴菲特的對話，自己也曾問：「你的方法這麼單純，世上那麼多人想變富，為什麼他們不直接複製？」巴菲特笑了笑，回答：「因為沒有人願意慢慢地變富有。」

市場上充斥各種「一夜致富」的誘惑，當沖、槓桿、短線交易，想抓到完美時機，幾個月內翻倍資產；豪賭單一飆股，想一次 All in 翻身，結果卻變成「All gone」；加密貨幣、區塊鏈 NFT 爆紅之後泡沫破裂，很多人血本無歸。

而巴菲特願意慢慢變富，他的財富，約 98% 都在 50 歲以後累積：
- 30 歲：資產約 100 萬美元
- 50 歲：約 3.76 億美元
- 60 歲：突破 30 億美元
- 90 歲：超過 1,000 億美元

巴菲特的財富在 50 歲之後才爆發，不是因為他突然變聰明，而是他年輕時就開始布局，並且願意等「慢慢變富」。想靠投資達成財富自由，最穩當的方式就是提早開始、長期持有，並且願意慢慢變富。因為時間才是真正幫你滾動財富的關鍵，持續耕耘，終有一天你會驚覺「咦？原來我也能變得這麼有錢啊！」

從 0 開始 累積第一桶金

決定揮別短線與當沖交易慘賠的陰霾後，我從最簡單的定期定額開始，每個月薪水進帳後，馬上扣除固定金額（當時是 3,000 元），投入 ETF（例如 0050、00878），每個月都是如此，不管市場漲跌都持續扣款，然後把所有心力放在「如何賺更多錢」上，慢慢地就能增加定期定額的扣款額度。

真正困難的，不是投資什麼，而是你能不能一直做下去。說真的，定期定額的概念大家都知道，但真正能「長期堅持」的人，真的不多。

股票價格太透明，隨時可以查帳戶；買賣太方便，

隨時能點按賣出。人就是這樣，看到帳面數字波動，心也跟著浮動，最後就忍不住中斷了。有時候我會想，如果股票像房地產一樣難賣、難查價格，搞不好大家都會變成超有耐心的長期投資者，人人都是富豪呢！

關鍵時刻，是市場下跌的那幾次。我記得第一次遇到市場大跌的時候，帳戶一片綠油油，朋友說：「要不要先停扣？等漲回來再繼續投資？」我反而做了一件事：手動加碼。

不是因為我多勇敢，而是我知道這才是便宜買進、加快累積的機會。我就這樣持續扣款且逢低加碼，1年後再打開帳戶看，居然默默累積了60萬元多！比我原本預期的還快，也讓我更加相信：只要方法對、方向對，時間會是你最忠實的盟友。

鐵蛋心底話

不要小看每月的幾千塊錢，只要你持續投入，時間會幫你把小錢滾成大錢。如何透過被動投資策略，讓資產自動成長？定期定額投資，是最簡單也最有效的方式。

想像一下，你站在海邊，看著浪潮一波波打來，如果你總想等海面完全平靜再下水，可能永遠等不到那一刻；但如果你選擇一次踏一步，讓身體慢慢適應海水與浪花，很快你就能自在漂浮在海上，享受其中。投資也一樣，誰也無法預測明天的高點或低點，但你可以選擇定期定額──用時間平衡風險，用紀律持續參與市場。

假設你每月收入是 3 萬元，可以從其中的 3,000 ～ 5,000 元開始定期定額投資，比例不高，但能開始累積「從零到有」的感覺，而且不會壓縮生活品質。

或許你會擔心「定期定額固定時間到就買，萬一買貴了怎麼辦？」其實，正因為它「無視價格」，反而能避開你陷入「等更低」或「怕追高」而遲遲不買進的心理陷阱。

為什麼定期定額這麼有效？

- **穩定投入，降低波動風險**：每個月固定買同一檔標的，高點時股數少、低點時股數多，長期下來，成本自然被攤平，買出微笑曲線。

- **累積效應，時間替你滾出財富**：定期定額不在於「短

期爆賺」，而是靠時間拉長的威力。市場下跌時，你反而能買到更便宜的籌碼，等反彈起來，漲幅更可觀。
- **自動化投資，克服人性的拖延與恐懼**：很多人都想「等到市場回調，等到更便宜」，結果往往等著等著，行情又漲上去。定期定額則是一種紀律投資法，不需要你每天盯盤也不用煩惱時機，長期下來，因而得到更平穩的成果。

讓樹長大 別天天挖土檢查

投資，就像種下一棵小樹。你不會天天把土挖開來檢查它長了沒，而是默默澆水、施肥，讓它自然長大。同樣地，不要再想「現在是不是高點」、「要不要等更便宜再進場」。**現在，就是你最好的開始時機。**

把定期定額當成你的自動投資系統，讓時間幫你慢慢滾出一棵參天大樹，未來某天回頭一看，你會驚喜地發現：「原來這麼穩定、簡單的方法，真的能幫我養出一筆財富！」

為了更直觀地感受「定期定額」的魅力，我們以「每

月投入 5,000 元，投資一檔年化報酬率約 7% 的 ETF」為例，來看一下模擬 10 年的投資成果圖表 16-1。

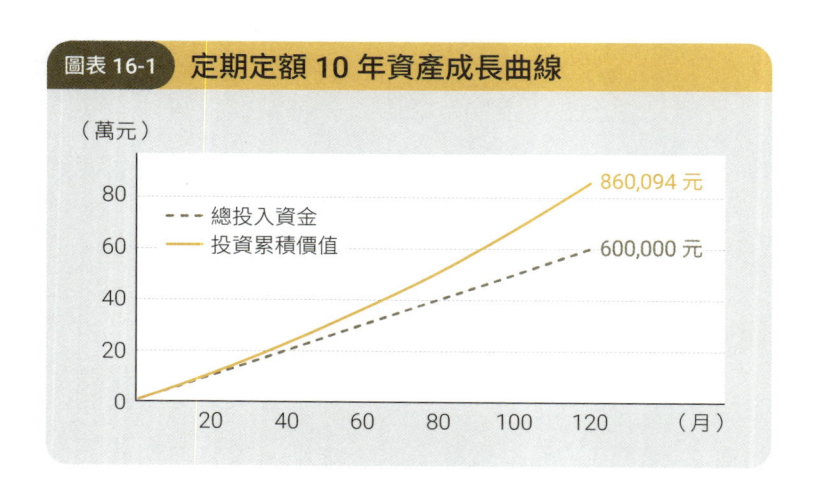

圖表 16-1　定期定額 10 年資產成長曲線

（萬元）

- 總投入資金
- 投資累積價值

860,094 元
600,000 元

橫軸：（月）20、40、60、80、100、120

投資時間（橫軸）：從第 1 個月開始，一路延伸到第 120 個月（也就是 10 年的時間）。

金額（縱軸）：代表你的資產累積價值，以及你實際投入的總金額。

你投入的本金（褐色虛線）：褐色虛線的走勢，代表你每月穩定投入的資金呈現「線性上升」。

- 第 1 個月：5,000 元
- 第 2 個月：10,000 元
- 第 3 個月：15,000 元
- 以此類推，10 年後（120 個月）你總共投入 60 萬元，這條線穩定往上爬，是你一步一腳印的成果。

你的投資累積價值（黃色曲線）：黃色這條線不同，它不是直線，而是一條越爬越陡的「複利曲線」，代表資產隨時間滾動的速度。

- 每月投入的 5,000 元持續投入年報酬 7% 的 ETF 裡。
- 投資不是靜態的存錢，而是錢會生錢。
- 前期變化不大，但到了中後期，資產成長的速度會開始加快。
- 10 年後，你的資產可能累積到約 86 萬元（高於投入的 60 萬元）。

給小資族的啟示：複利效應是一場時間的遊戲，前面成長慢，但後面爆發力強。本金和投資累積價值會在

某個時間點「黃金交叉」，之後投資收益會遠高於本金。若能持續 20 年，這筆資產甚至可能翻倍，超過 240 萬元以上。

用簡單的方法，撐出不簡單的未來，投資真的不用花俏，只要你願意穩定投入（定期定額）、拉長時間（不中斷），哪怕一開始每月只有 5,000 元，最後也能創造出你想像不到的成果。

不定期不定額 靈活應對

很多人問我：「定期定額真的很好，但市場大跌時，難道只能乾等？」我的作法是定期定額打底，不定期不定額加碼。也就是說，平常穩穩投資，靠紀律累積資產，市場出現「甜甜價」時，果斷加碼進場。這兩種策略的搭配：

定期定額：投資的自動導航系統

每個月固定投入，像設定好自動轉帳一樣，不用猜高低點、不用糾結時機，例如每月固定投入 5,000 元到 ETF，無論市場漲跌，都照表操課，建立長期紀律，穩

定打造資產底盤。

不定期不定額：遇到大折扣就撿便宜

當市場大跌出現「超低價」，這時就該加碼！舉例來說，你設定市場下跌 5% 時，額外投入 1 萬元，就像百貨週年慶看到 5 折，你當然不會空手離開。這樣的策略，不只讓你用低成本買進更多單位，等市場反彈後，回報自然更可觀。

簡而言之，市場好時，穩穩投資，不必追漲殺跌。市場差時，反而是出手撿便宜的好時機。定期定額幫你建立投資紀律；不定期不定額則讓你能在關鍵時刻撿到便宜貨。

德國股神科斯托蘭尼有句名言：「小麥下跌時手裡沒有小麥，下次它上漲時，你也不會擁有任何小麥。」

翻譯成投資人的日常，如果你只等到市場看起來「安全」才願意進場，通常早已錯過最低點；等到市場開始反彈，那些早就布局的人已經獲利，你卻只能對著飆漲行情乾瞪眼。就像週年慶時，有人明明看到折扣很甜，還是猶豫「會不會再降？」，結果一拖再拖，活動

結束後漲回原價,只能懊悔早知道那時就下手啊!

　　你無法預測市場,但你可以設計自己的策略。市場漲時,持續定期定額,不錯過成長行情。市場跌時,沒信心?沒關係,照樣定期定額,繼續買進、降低成本。若有信心?手邊有閒錢,就勇敢加碼,用更低成本布局未來。

　　投資從來不是靠運氣,而是靠紀律與長期布局。因應市場漲跌,搭配好這兩套策略,你不只是「等待風雨停歇」的被動者,而是能夠在市場波動中主動出擊、穩穩擴大資產的人。

指數化投資 抄市場的答案

　　小時候,老師常說「不會寫沒關係,先抄黑板上的解答。」沒想到,這句話放在投資世界一樣管用!許多人總想找出「下一支台積電」,結果卻買進了下一支倒下的宏達電。要預測哪一家公司能永遠領先市場,實在太困難了,與其盲猜,不如乾脆抄市場的答案。

　　這正是「指數化投資」的概念:透過ETF(指數型

基金），你不用自己挑股票，而是直接跟著整個市場成長，一網打盡強者，穩穩走向財務自由。**指數化投資簡單說，就是用一筆錢「參與整個市場」**。你不必再煩惱哪檔股票漲跌，只要跟著一個指數，經濟成長自然會替你帶來報酬。

透過 ETF（例如 0050、VOO、VT），你就等於買下這個指數中的所有公司，讓市場幫你挑選表現最好的企業、汰弱留強。

為什麼選擇指數化投資？

- **把投資個股想像成單挑英雄，指數化投資就像選了明星隊**：你不用預測哪個英雄最強，因為市場會自動篩選出最優秀的企業，不需要選股，專心跟市場走。回顧美國 S&P 500 指數，過去 30 年平均年報酬有 8%～10%，大幅超越銀行定存，也就是說，只要買下整個市場，就能分享經濟成長的果實。
- **風險分散，不怕踩雷**：指數型 ETF 通常囊括多家公司，萬一其中一兩家表現不佳，市場會自動汰弱留強，長期下來仍維持成長。

- **低成本,高效益**:很多主動式基金管理費高達 1% ～ 2%,長期下來是筆不小的開銷;指數 ETF 則多半低於 0.5%,VOO 甚至不到 0.1%,可省下不少成本。
- **懶人也能投資**:只要定期買進 ETF,就能「躺平式」投資,不需要天天盯盤,市場會替你組成最強的投資組合。

圖表 16-2 常見的指數型 ETF

ETF	投資內容	特點
VOO	美國 S&P 500 指數	涵蓋蘋果、微軟、特斯拉等前 500 大企業,代表美國經濟實力
VT	全球股市	一次投資全球市場,分散國家與區域風險
0050	台灣 50 指數	聚焦台灣最具代表性的 50 檔股票,例如台積電、鴻海、中華電等

總結來說,指數化投資的核心思維,就是「不確定誰會贏,那就整個市場一起買下來」。透過 ETF,把多家企業一網打盡,既分散風險,又能穩穩享受長期成長。對多數投資人來說,這種模式就像抄老師黑板的解答一樣,省時省力。

挑 ETF 鐵蛋有 3 大條件

在我的投資旅程中，ETF 一直是主力部隊，因為它簡單、透明，又能一次持有一籃子股票，自然就降低了單一個股的風險。

但市場上的 ETF 百百種，要怎麼選才選得安心、抱得住？我在實戰中歸納出的 3 個核心選擇條件：

- **配息穩定性**：我優先挑選那些有長期穩定配息紀錄的 ETF，最好還能看到配息逐年穩定或上升，這樣才有機會打造穩定的現金流。
- **交易量與流動性**：ETF 就算再好，如果成交量低、流動性差，要賣出時可能無法成交，還可能價格不合理，所以我會觀察每日成交量，確保買得到也賣得出。
- **投資標的清楚、規則透明**：像是追蹤台灣 50（0050）、高股息指數（00878）這類大家熟悉的指數，有固定選股邏輯與調整時間表，不容易因個人操作而出現奇怪風險。

鐵蛋的實際選股範例

我投資組合的其中一檔是國泰永續高股息（00878），它有以下特性：

- 配息穩定，幾乎季季都有發，且有越發越多的趨勢。
- 成分股偏向大型穩健股，波動較小。
- ETF 機制明確，追蹤指數、成分更換都看得到。

> **鐵蛋心底話**
>
> 選擇一檔 ETF 之前，問問自己「我真的了解這檔 ETF 的邏輯嗎？」只有理解它，才能在市場震盪時不輕易被嚇跑。

早點開始＋長期持有

常常收到很多私訊問我「現在可以買嗎？」糾結在進場時機，但對指數化投資來說，時間才是最大槓桿。與其糾結買點，不如提早開始，讓時間為你工作。回頭看美國 S&P 500 的長期走勢，經歷過多少次金融危機，

最終還是穩穩向上。

2008年金融海嘯，短期崩盤，10年後當時低點變黃金買點；2020年新冠疫情爆發，市場暴跌，但後來快速反彈創新高。這些都證明，**持有時間比進場時機更重要**。

正如那句老話：「決定你賺不賺錢的，從來不是你買在多低，而是你能抱多久。」換句話說，只要你願意靜下心、長期擁抱市場，隨著時間增長，你的資產也會向上堆疊。

股息再投資 讓錢滾出更多錢

你領到的股息，會怎麼處理？拿去吃頓大餐，當然快樂，但如果再投入原本的投資標的，未來的你會更快樂，這就是「股息再投資」（Dividend Reinvestment）的魅力。

股息再投資的3大優勢

- **複利滾雪球，越滾越大**：每次領到股息，就再買更多ETF或股票，下次領到的股息便又更高，如此循環。

巴菲特曾說「時間＋複利＝財富的魔法」，一旦你堅持下去，最終的成果往往大於你原本的想像。

- **越跌越買，未來獲利更驚人**：當股市低迷時，很多人選擇恐慌拋售，但對於股息再投資的人來說，股價下跌反而是好事，因為同樣的股息能買到更多股數，就像逢低多囤了一批便宜籌碼，等到股價回升時，獲利空間自然更大。
- **讓財務自由更快到來**：想像有一天，你的股息足夠支應生活開銷，那是不是等於「不工作也有收入」？這就是股息再投資的終極目標，一旦被動收入大於支出，你就拿到財務自由的入場券囉。

股息再投資 vs 領息就花掉

假設你每月投資 1 萬元到 00878，年化報酬率約 7%，其中包含約 5% 的股息。

- **方案 A：股息一發就花掉**：你每年收到的股息都拿去吃大餐、旅遊或買東西，感覺自己有在「享受投資成果」。20 年後，你的資產約為 295 萬元，其中大部

分來自本金和資本利得，但因為股息沒再投入，成長幅度有限。

- **方案 B：股息全部再投入**：你將每次配息都再投入買回 00878。同樣是每月投入 1 萬元，但因為「本金＋股息」都持續累積，20 年後資產來到 520 萬元以上。

20 年下來，兩者相差超過 225 萬元，相當於你多存了一筆退休旅費、一輛車，或是一筆買房頭期款。

重點不是領多少股息，而是你「怎麼用股息」。股息就像一包肥料，如果你每年都把它灑回投資土壤，時間會讓你的資產像大樹一樣長得高、長得壯；但如果你每次都把肥料拿去換零食吃掉，那麼這棵樹可能永遠長不大。

資金控管 讓自己有機會撿便宜

想像一下，你逛百貨公司，最喜歡的品牌正大打折，價格是平常的一半，你卻錢包空空、帳戶見底，只能眼睜睜錯過好康。投資市場也是如此，當市場大跌、優質資產出現「特賣價」，有現金的人就能加碼壓低成

本，沒準備的人就只能乾瞪眼。

這就是為什麼「資金控管」是每個投資人必修的基本功。投資不是「把所有錢一次丟進市場」那麼簡單，而是要為不確定性保留餘裕，保留現金部位，就是給自己機會出手。

投資彈性＋心理安全感

投資不只是挑好標的，更是如何靈活運用資金，讓自己在各種市況下都能穩住陣腳。

- **保留現金**：才能在市場低點出手，不被動等待機會，分批布局，避免一次性買高，攤平成本更安心。
- **預設加碼規則**：遇跌不慌張，操作有依據。投資是一場長跑，有步調、有計畫的人，才能穩穩走完全程。當你能控管資金，就等於手上多了一把備用鑰匙，關鍵時刻能開門、能翻盤，也能安心等待下次好機會。
- **穩健型投資人**：保留 10%～20% 現金，市況正常時穩穩參與，遇跌也能從容加碼。
- **保守型投資人**：保留 30%～40% 現金，即便市場動盪也能穩住心態、趁機撿便宜。就像打怪前要先準備

好補血藥水，在關鍵時刻才不會一擊倒地。

分批進場 避免一次梭哈

假設你手上有 10 萬元：
- 第一階段（正常市況）：投入 40%，建立基本部位。
- 第二階段（市場回檔 5%～10%）：投入 30%，趁跌加碼。
- 第三階段（回檔超過 10%）：投入最後 30%，撿更便宜的籌碼。

這樣一來，市場上漲時，你有基本配置可參與；市場下跌你也有預留子彈應對，不怕錯過機會。

紀律加碼 不讓情緒左右決策

下跌時，許多投資人會恐慌賣出，但如果你有事先規劃，就能理性加碼，像鐵蛋自己就是這樣設定的：指數下跌 10%，投入 5% 資金。指數下跌 20%，再投入 10%。

若個股日跌 1%～2%，用零股小額加碼就像逛週年慶前先列好購物清單，折扣夠大才下手，而不是被現

場氣氛牽著走。

打造股息永動機 鐵蛋的選股組合

投資策略千百種,別人的蜜糖,也可能是你的毒藥,所以接下來我分享的內容,請當作一份參考菜單,不一定要全盤接受,而是從中挑出適合你的那幾道菜就好,因為投資沒有唯一正解,只有「適不適合你」。

先從「高股息」起步

剛開始投資時,我的目標很單純:建立穩定現金流→累積更多股息→再投資→滾出資產雪球。

我透過高股息 ETF,先打造一台印鈔機,每月穩穩配息,然後把股息繼續滾回市場,讓時間和複利效應幫我把資產越滾越大,這麼做有 3 個好處:

- **穩定現金流**:即使市場波動,只要股息進帳,我就有安全感。
- **自動複利效果**:股息再投入,滾出更多股數、產生更多股息,資產像雪球一樣越滾越大。
- **心理抗震性高**:領息讓我比較不怕市場大跌,反而期

待打折季多買幾張。

等到這台股息機器運轉穩定,我才逐漸增加大盤ETF 的比重,把整體資產的成長速度再往上拉。

資產配置分 3 大類

鐵蛋的投資組合分成以下幾類:股息(提供穩定現金流)、大盤(參與市場成長紅利)、主題(保留彈性,抓住機會)。

以下是我目前約略的實際投資分配比例:

<u>高股息 ETF</u>(約 68%):這是鐵蛋的「核心引擎」,負責穩定配息+累積股息再投資。

> 1. **國泰永續高股息(00878)**:穩定成長、配息紀錄佳。
> 2. **群益台灣精選高息(00919)**:殖利率高、配息率穩定。
> 3. **元大高股息(0056)**:經典高股息 ETF,截至 2025 年 5 月股價漲幅最多。

<u>大盤型 ETF</u>(約 27%):當股息資產穩定後,我開始加入大盤 ETF,參與市場整體成長。

1. 富邦台 50（006208）：台灣前 50 大企業，穩健上行。
2. 國泰台灣領袖 50（00922）：聚焦 ESG，追蹤企業永續經營。
3. 元大台灣 50 正 2（00631L）：趁股價拉回時布局，趨勢轉強時觀望。
4. 美國整體市場 ETF（VTI）：全球布局、美股分散風險。

主題型 ETF ＋穩健個股（約 5%）：這是「加點料」的部分，用來增加組合靈活性與布局成長潛力。

1. 統一 FANG＋（00757）：聚焦全球科技巨頭，包括蘋果、亞馬遜、Google 等。
2. 復華 S&P 500 成長（00924）：一次買下美股前 500 大企業的成長版。
3. 兆豐金（2886）、玉山金（2884）：金融穩健股，配息穩定、波動低。

這份投資組合，讓我能「穩穩領息」＋「穩穩成長」，心情上也更穩定，不會因為市場波動而手忙腳亂。

> **鐵蛋心底話**
>
> 投資配置不能照抄，最終還是要看你的風險承受度、你的目標是領息還是價差、你能不能忍住市場大跌時不賣、你是不是真的懂自己買了什麼。
>
> 適合別人的組合，不一定適合你，能讓你安心持有、睡得著覺的配置，才是最好的投資方式。
>
> 投資是一場馬拉松，只有能持續穩穩走下去的人，才有機會慢慢變富！

投資組合 隨人生階段調整

投資就像人生的旅程，會隨著你的目標、需求與經驗不斷變化。

一開始，我的投資主軸很單純，以高股息 ETF 為核心。因為剛踏入市場的我，心臟還不夠強，對於價格上下波動感到焦慮，高股息 ETF 給我穩定的現金流，也提供心理上的安全感，幫助我度過了投資初期最脆弱的階段。

但隨著資產逐漸累積，我也開始慢慢調整策略，適

度增加大盤型 ETF 的比例,讓資產除了領息,也能參與市場的長期增長。

至於股息收入與資本成長該怎麼平衡,目前我的股息收入約為每月 3 萬元,下一個目標是提升到 4 萬元。我把這筆錢當作另一個「鐵蛋」,在我睡覺的時候,默默幫我創造現金流。而當這個「股息引擎」運轉穩定後,我就能逐步提高大盤型 ETF 的比重,兼具資產成長性與穩定性。

就像養一棵樹:前期施肥、穩固根基(股息),後期枝幹抽長、長出果實(資本利得),策略方向可以參考圖表 16-3。

圖表 16-3　鐵蛋的資產配置階段

階段	投資主軸	核心目標
現金流需求高	高股息 ETF	建立穩定領息、被動收入
資產成長期	大盤型 ETF 把握市場成長紅利,擴大資本	資產增值
穩健平衡期	股息+大盤	現金流與資產增值兼顧

你不需要照抄別人的投資組合，因為每個人面對市場的方式都不一樣。可以從這 3 個問題開始思考：

- **你想從投資得到什麼**？想每月領現金流，還是長期資產增值？
- **你的風險承受度有多高**？股市大跌 10%，你會加碼還是想逃？
- **你願意投入多少時間**？只想簡單投入 ETF，還是想深入研究個股？

每個人的答案都不一樣，而投資也沒有「唯一的正確公式」，找出適合自己的模式，並且長期堅持下去，就能獲得市場先生給的合理報酬喔！

維持紀律 再痛也要堅持

還記得 2025 年 4 月震撼全台股民的暴跌嗎？美國宣布對等關稅政策，台股創下史上最大單日跌點──大盤一度重挫 2086 點，1,700 多檔股票齊跌停。

那一天，我的股票帳戶損益從獲利 20 萬元瞬間變

成虧損 40 萬元，60 萬元一夕之間蒸發，那感覺就像一輛國產車在你眼前憑空消失。

痛嗎？當然痛。但我怎麼撐過來的？我告訴自己：這只是市場短期的劇烈波動。我不靠預測，而是靠紀律，所以我沒逃跑、沒停扣、沒怯戰，反而默默地繼續每天加碼買進零股。我不是在賭運氣，而是堅定地執行「長期持有」策略。

投資真正的挑戰，不是找高點低點，而是面對恐慌時，還能照原計畫走下去。**請你務必在投資前，先設定好自己的「心理安全邊界」**，什麼情況下不賣？什麼情況下加碼？什麼情況下暫停？都先想清楚、寫下來。因為只有提前設下界線，你才不會在恐慌中亂砍股票，也不會在貪婪中重押 All in。

投資不是比誰膽子大，而是看誰能在風暴中，還守得住自己的節奏。策略＋紀律要遠遠大於情緒＋衝動，這才是你在市場能活下來的關鍵。

🧭 行動指南

建立投資組合

設定一個明確的投資組合目標,例如「股債比例 7：3」、「月月領息 1 萬元」。

- 列出你有興趣的 3 檔 ETF 或投資標的,分別研究其績效、風險、費用率。
- 根據你的研究,選定至少一個標的開始投資,並設定每月自動扣款,降低投資時的心理障礙。

鐵蛋的槓桿大法
財富成長雙面刃

　　還記得小時候玩翹翹板嗎?位置對、角度剛好,只需要一點力氣,就能輕鬆撐起比自己重的朋友;但如果重心錯了、出力太猛,不只自己摔得鼻青臉腫,還可能把對方甩到老遠。

　　槓桿投資就像翹翹板,用得好,讓你提早起飛、財富成長加速;用不好可能重摔谷底,連本金都守不住。

　　槓桿是什麼?簡單理解就是「借錢來投資」。利用別人的錢,擴大你的投資規模,但要謹記,槓桿不是免

費午餐,而是一把雙面刃。

這一章,鐵蛋會和你分享槓桿常見方式(信貸、股票質押)、我自己踩過的坑與避開的方式,如何設定風險界線,守住底線不翻車。

先提醒一句:**槓桿不適合每個人,但如果你懂得風險控管,它或許能成為你加速財富自由的「加速器」**。

信貸投資 憑信用借資金

聽到「借錢投資」,很多人第一反應是「瘋了吧!」但實際上,這世界上很多人就是靠槓桿提前起飛──前提是,你要知道怎麼用、不踩底線。

信貸是什麼?簡單說,就是憑你的信用向銀行借錢,這筆錢可以拿來做更高報酬率的投資。

- **貸款額度**:大約是你月薪的 22 倍左右。
- **利率範圍**:2% ～ 7%,視你的信用評等與工作穩定性而定。
- **還款方式**:分期償還(本金＋利息),不能不繳。
- **適合對象**:收入穩定、有能力按時還款、信用良好,

可拿到低利率（例如教師、醫師、工程師等），有明確投資計畫、不靠運氣操作的人。

信貸投資要對利率、投資報酬率有清楚概念，舉個例子，銀行給你 3% 的貸款利率，你拿這筆錢去投資年化報酬率 7% 的 ETF（例如 VOO）。這樣一來，你等於是用 3% 成本的錢賺 7% 的回報，中間的 4% 就是你的淨利差。

是不是很聰明？但如果借款利率拉到 6% 甚至更高，而你投資的報酬又不穩，就容易陷入「賺了股息，卻賠了利息」的困局，反而增加財務壓力。

> **鐵蛋心底話**
>
> 信貸不能超過你能承受的風險範圍。市場跌的時候，你還是得乖乖還款，所以信貸資金最多只占你投資資產的一小部分，千萬別做超出自己的能力範圍的事喔！

信貸投資前要問自己 3 個問題：

- 我的工作穩不穩定？每月能否準時還款？
- 我的信用評分夠不夠好？利率壓得下來嗎？
- 我的投資標的能否「穩穩賺過利息」？

想清楚了，再行動。千萬別讓財務自由變成財務枷鎖。

股票質押貸款 用股票借錢

我們繼續聊聊另一種槓桿方式「股票質押貸款」，它能保留持股，又能靈活拿錢。這種方法是機會，也有風險，操作之前要搞懂遊戲規則，才能用得安心、走得長遠。

假設你手上已經有一筆股票資產，不想賣出卻臨時需要一筆資金，這時你可以考慮「股票質押貸款」這招。它就像你有一棟房子不想賣，但短期需要一筆現金，於是你拿它去抵押借款，股票質押也是這樣的概念：**用股票借錢，但繼續擁有它的未來價值。**

簡單來說，就是把你名下的股票抵押給券商，取得一筆可靈活運用的資金。這樣做的好處是你不用賣掉股票，就能動用現金，同時繼續享受持股未來的股價上漲或股息配發。

重點條件：

- 可貸額度：通常是市值的 60% 左右
- 利率：約 2～3%（依券商條件略有差異）
- 還款方式：只需繳息，不用還本金
- 期限：6 個月為一期，最長可展延到 1.5 年
- 維持率計算：維持率＝（股票市值 ÷ 貸款金額）×100%

如何放大你的投資槓桿？

假設你持有 100 萬元的 ETF（例如 0050），透過股票質押貸款，你可以借到 60 萬元，年利率 3%。你將這 60 萬元再投資一檔年報酬 7% 的 ETF，結果是：

- **投資收益**：7%（每年賺 42,000 元）
- **借款成本**：3%（每年利息約 18,000 元）

- **淨收益**：4%（差額 24,000 元），不用賣股票、又能生利息！

　　貸款投入收益率高於借款成本的商品，這就是借錢投資的奧秘。對於想要放大資產成長速度的你，只要控制好風險，股票質押是無敵加速器。

怎麼避開「補保」地獄？

　　股票質押聽起來很香，但槓桿本質還是風險操作，最怕的不是還不起錢，而是遇到暴跌，券商就打電話來要你補擔保品。請留意以下 3 點：

- **控制槓桿比例**：借款金額最好不超過總資產的 30%。借太多，一跌就會睡不著！
- **密切觀察維持率**：若維持率跌破 140%，就該留意；跌到 130%，可能要補保；低於 120%，券商可能強制平倉（賣掉你的股票）。
- **選擇波動低的標的**：ETF 比個股穩健，適合用來質押，高波動的成長股波動太大，不適合這種操作。

圖表 17-1	股票質押 vs 信貸	
特點	股票質押貸款	信用貸款
還款方式	只付利息	每月本息攤還
資金來源	股票抵押	信用額度
適合對象	有持股者、想靈活運用資金	收入穩定、無大量持股者
彈性程度	高（利率低、資金可滾動）	中（需持續償還）
風險	維持率不足會被追繳	每月還款壓力固定

> **鐵蛋心底話**
>
> 若你已累積一定規模的股票，而且對市場看法偏正面，「股票質押貸款」往往比信貸更靈活，它能讓你在繼續持有股票的同時，騰出一筆資金再投資，藉由槓桿放大獲利空間。前提是一定要做好風險控管，別讓補保的惡夢找上門！

融資融券交易 短期高風險衝刺

如果「股票質押貸款」像是投資版的登山健行，走得慢但穩，那麼「融資融券」就是全速衝刺的高山攀岩，過程很刺激，一個不小心就可能摔下來。

這種操作讓你「槓桿上身」，用少少的錢，做更大

的投資金額,但風險也因此被大幅放大。風險大、壓力高,不太適合長期投資人,尤其是上下班時間固定、不能隨時看盤的小資族。

什麼是融資融券?簡單來說,就是:

- **融資買股**:你只需出一部分資金(約 40%～50%),其餘向券商借錢購股。
- **融券賣股**:你先向券商「借股票」賣出,預期股價下跌後再買回來還,從中賺取價差。
- **融資利率**:目前市場平均約為 6.5%,比質押貸款高出不少。
- **強制平倉機制(俗稱斷頭)**:若股價跌太多,券商會直接賣出你的持股止損,不管你願不願意。

槓桿怎麼放大你的風險?

假設你想買 1 張台積電(股價 1,000 元,共 1,000 股),全額購買需要 100 萬元;使用融資,只要自備 40 萬元,券商借你 60 萬元,看起來好像輕鬆多了,對吧!

但如果股價下跌 10%(變成 900 元),全額購買

者損失 10 萬元（虧損 10%）；使用融資者還是投資了 100 萬元，但本金只有 40 萬元，實際損失幅度卻高達 25%（10 萬元 ÷ 40 萬元）。股價只跌 10%，你的損失卻擴大到 2.5 倍！這就是槓桿效應的反噬威力。

為什麼融資交易讓人壓力山大？

- **可能被斷頭**：若市場急跌，券商設定的「融資維持率」（約 130%）被觸及，你就會收到「補繳保證金通知」。若你無法及時補足，券商會強制賣出持股，即使你不想賣，也沒辦法繼續持有。

- **還沒賺到錢，就先欠一筆利息**：融資的資金，不論股價漲跌，你都得付利息。若市場不上不下或走勢不如預期，加上每天累積的利息，可能出現「股價小漲，利息卻把獲利吃掉」的情形。

　　槓桿就像火，可以煮飯，也能燒掉屋子，當你不確定風向，最好還是關掉爐火，先吃泡麵。想成為長期贏家，重點不是賺最快，而是撐得久，活得下來。

圖表 17-2　誰適合融資融券

對象	條件
短線交易者	熟悉技術分析、能快進快出、風險意識強
資金靈活者	能承受利息成本與保證金壓力、心理素質穩定
長線投資人	不建議！槓桿太高、利息太重，與被動投資理念背道而馳

圖表 17-3　不同槓桿優勢與風險

槓桿方式	優勢	風險	適合對象
信貸投資	利率較低（2%～7%）、長期還款彈性	每月需還本金＋利息	有穩定收入，能長期規劃還款
股票質押貸款	不影響持股、利率較低（約3%）、無須每月還本	若股價大跌，可能需補保	持有穩定資產，希望靈活運用資金
融資融券	只需少量資金即可放大部位	市場下跌可能被斷頭，利息成本高（約6.5%）	短線交易者

使用槓桿 須高度自制

很多人問我：「槓桿適合我嗎？」老實說，如果你會這樣問，那大概現在還不適合用槓桿。因為槓桿不是魔法，也不是走捷徑，而是一個需要高度認知與自我控制的工具。

就像開跑車，駕駛技術夠，能跑得又快又穩；技術不成熟，一踩油門就有可能翻車。

問自己這 3 個問題，再決定是否使用槓桿：我有穩定的現金流能負擔利息嗎？如果市場下跌，需要補保，我頂得住嗎？我的槓桿比重是否控制在安全範圍內？（建議不超過總資產的 30%）。

想嘗試槓桿？建議這樣開始：若你對槓桿工具還不熟，先從小額試水溫，設定停損、預留現金，確認自己的心理反應與承受力，才慢慢增加部位。

從慘賠到穩健成長 鐵蛋槓桿原則

坦白說，我以前也玩過融資交易。當時完全不懂什麼叫維持率、什麼叫槓桿風險，只覺得「哇～可以放大獲利吧！」結果怎樣？市場一震盪，我馬上被「雙面刃」割得體無完膚，交了一筆超貴的學費。從那之後，我才真正理解，**槓桿不能亂用，「不懂就別碰」才是金科玉律**。

2023 年 8 月開始，我使用「股票質押」作為投資槓桿工具，至寫書時約 1.5 年，回頭看，資產累積的速

度確實比單純存錢或定期定額更快,也更能感受到槓桿的威力。在我的 IG,每月都有關於股票資產變化的詳細紀錄,數字如下:

- 2023 年 7 月底:股票資產 60 萬元
- 2025 年 2 月底:股票資產 530 萬元
- 期間累計質押借款 7 次(已還款 2 次),目前未償還金額 180 萬元,維持率約 170%

圖表 17-4　鐵蛋使用槓桿的借貸紀錄

明細／動作	申請日	到期日	借款額度
申請成功	2025/02/03	2025/08/01	317,000
申請成功	2024/09/16	2025/03/14	243,000
申請成功	2024/07/03	2025/06/24	613,000
申請成功	2024/05/06	2025/04/29	442,000
申請成功	2024/03/04	2025/08/22	419,000
已還款	2023/12/26	2024/06/21	237,000
已還款	2023/09/22	2024/03/19	133,000

　　這段時間,我深切體會:槓桿可以加速財富,但一定要控制好風險,要「用對地方」,就像一把刀,廚師

用它做出美味佳餚，卻也可能被壞人用來犯罪，重點從不是「刀」，而在於「使用它的人」。在這 1.5 年的實戰中，我總結出以下幾個「槓桿原則」：

- **只在低利率環境下使用槓桿**：例如股票質押利率約 2%，若你的投資報酬有 7%，中間的利差就有賺頭。
- **槓桿資金只投資穩健標的**：像是 00878、0056、006208 等 ETF，不碰高波動的投機股。
- **槓桿比例不超過總資產 30%**：留足安全空間，避免持股遇到股災就被強制賣出。
- **保持 6 個月以上的生活現金流**：預留緊急備用金，哪怕市場暴跌，也有餘裕撐過去。
- **控制心態，冷靜應對行情**：行情好時不貪心，行情差時不慌亂。你不是來賭博，而是要走長期財富之路。

懂得駕馭，槓桿就不是敵人，風險也不是洪水猛獸。風險，不是因為你用了槓桿，而是因為你根本不知道自己在幹嘛，如果你願意好好學習、慢慢測試、適時踩煞車，槓桿就能成為你通往財務自由的加速器。

⚡ 行動指南

安全使用槓桿

- 寫下你能承受的最大資金損失範圍,建立心理底線,不讓情緒掌控決策。
- 研究你最有信心的槓桿工具(如股票質押),並試算利息、維持率、還款期限與應對策略。
- 訂下你的「槓桿守則」,例如:不超過資產的 30%、只投入穩健 ETF、有緊急預備金、每月檢查維持率。

鐵蛋的紀律
定期檢視財務狀況

財務自由並非一次性的衝刺,而是一場耐力賽。理財這件事就像健身,沒有人只上一次健身房,就期待自己馬上變成肌肉人,你需要持續鍛鍊、調整飲食,還得定期量 InBody,才知道自己有沒有進步。理財也是一樣,不能只存一次錢、買一次股票,就期待財務自由會自己來敲門,它需要長期投入、更需要紀律,才能穩定邁向你想要的未來。

為什麼要定期檢視財務狀況?因為如果你從來不檢

查自己有沒有變強，怎麼知道訓練方向對不對？如果你從來不記帳，每天且看且走、渾渾噩噩過日子，直到某天信用卡帳單來了，才驚覺「蛤？我花這麼多？」又或者，打開投資帳戶發現自己買了一堆 ETF、股票，但早就忘了自己當初為什麼買，甚至連風險都搞不清楚。

想要到達目的地，不能閉著眼走路，你得時不時打開 Google Map，確保自己走在對的方向上。

這一章，我想和你聊聊：如何定期檢視財務進度，確保沒走偏；如何依照財務狀況做出調整，讓資產穩健成長；如何在累積財富的同時，也適度享受生活，保有平衡。

定期檢視 與自我深度對話

我自己每月會更新兩次淨資產狀況（也會分享到 IG），不是為了炫耀數字，而是提醒自己「這個月的財務狀態，跟我設定的目標在同一條路上嗎？」你也可以這麼做，不需要太複雜，每月月底花 15 ～ 30 分鐘做一次財務健檢，提供你一個簡單的財務盤點清單：

財務盤點簡易清單

- **現金存款**：可以應變意外事件、失業等狀況的緊急預備金還足夠嗎（建議至少 3～6 個月生活費）？有沒有能應對突發狀況的流動性資金？
- **投資狀況**：這個月的投資表現如何？ETF、股票的配置是否還符合原本規劃？有沒有哪一檔漲太多、占比太高，該做調整？
- **負債狀況（若有槓桿）**：維持率是否在安全範圍？是否該提前還款，減少壓力？
- **收入與支出**：存錢比例達標了嗎？有沒有哪筆支出是不必要的、可以優化的？

　　檢視的真正目的，是確保你的錢有流向「你想去的地方」。市場永遠在變，但你對財務自由的渴望不能變，定期檢查資產，不只是看自己賺了多少、花了多少，更重要的是確保你每一分錢都在幫你建構未來。

　　鐵蛋做了一份雲端版的資產負債表（圖表 18-1），正資產－負資產＝你的淨資產，這樣每次檢視時，能更

鐵蛋的紀律 定期檢視財務狀況 **18**

清楚自己現在的財務位置,確保自己一步步朝著財務自由前進!

圖表 18-1　鐵蛋的資產負債表

資產		負債	
流動資產:現金	**金額**	**近期負債**	**金額**
遠銀 Bankee	273,023	信用卡帳單–SnY	0
永豐 DAWHO	76,217	信用卡帳單–GOGO	95,000
台新 Richart	40,000	信用卡帳單–CUBE	13,730
國泰 KOKO	4,616	信用卡帳單–DAWHO	6,800
台企銀	18,416	信用卡帳單–富邦	0
中信	0	合計	115,530
aifian	3,000		
合計	412,272		
流動資產:外幣+保單	**金額**	**長期負債**	**金額**
美金儲蓄險	0	台企銀 - 信貸	368,598
美金	55,609	永豐金 - 股票質押	1,800,000
歐元	59,393	合計	2,168,598
合計	115,002		
投資資產	**金額**		
永豐大戶投	5,316,706		
國泰證券	124,111		
投資	80,000		
合計	5,520,817		
以上資產合計	**6,048,091**	**淨資產**	**3,763,963**

245

> **圖表 18-2　鐵蛋的資產負債表**
>
> 掃描 QR Code，馬上計算自己的淨資產

財務每月小檢查 每年總體檢

財務自由不是空想來的，而是一點一滴盤點、調整出來的。

每到 12 月底，除了計畫跨年旅行、回顧過去的生活，我一定會安排一場「年度財務總體檢」，這不是形式，而是像公司結算年終財報一樣，幫自己盤點這一年的成績單，也為下一年的理財策略鋪路。

年度檢視的核心問題：

- 我的資產成長了嗎？是否達到原先的目標？
- 我的投資績效如何？有哪些標的需要重新評估？
- 短中長期的財務目標，有沒有落後？需不需要調整策略？

這些問題看似基本，卻很容易被忽略，因為很多人年初立了存錢、投資、加薪的願望清單，但年底一看……什麼都沒達成，時間就默默溜走了。

你可以把這份年度檢視，當作對自己的期許，我們不是上市公司，但我們都是自己人生的 CEO。想當一位好 CEO，就要養成「定期回顧、適時調整」的習慣。

適時調整策略 重新分配資源

面對市場或是收入變化，要適時調整策略，讓財務更有效率地成長。收入變動時，調整儲蓄與投資配置；市場變動時，保持紀律不亂陣腳：

- **收入增加時**：別急著升級生活、買新手機，試著把新增收入的一半拿去加碼投資或補足保障。未來你想花錢時，就能靠投資報酬，而不是辛苦的主動收入。
- **收入減少時**：即使月光，也不要放棄投資的習慣。你可以少投入一點，但不要斷，因為那會讓你失去「持續累積」的節奏。
- **市場大漲時**：不要因為大家都在賺錢就 FOMO 追高，

你要問的是「我現在進場,是基於計畫還是情緒?」
- **市場大跌時**:能加碼當然很好,但前提是你手上有備用資金,生活費也沒少。

不要在市場特價時,把買菜錢也押進去;投資不該以犧牲生活為代價,而當生活目標改變時,資源也要重新分配。

人生不是一條直線,會轉彎,也會突然掉進坑裡,例如:結婚、生小孩、買房,或是創業、休息一年、轉職當自由工作者。這些轉折都會影響你原先的財務計畫,這時候你可以這麼做:

- **提高保障力**:例如調整保險內容、建立更完整的緊急預備金。
- **調整投資策略**:若預期有大額支出,短期內就不要承擔太高波動的標的,先守住本金。
- **重整目標順序**:生活重心不同了,理財目標也可以調整。比如從「追求資產翻倍」,轉為「每月穩定領息補貼生活」。

適時犒賞自己 豐富人生故事

理財路上，最怕的不是「賺不到錢」，而是過度節儉讓生活變得苦澀，最後落入一種無止盡的「存錢焦慮」，你可能會問自己：「我這麼努力存錢，最後到底是為了什麼？」

財務自由，絕不是要你勒緊褲帶活得委屈，而是讓你擁有更多選擇權，想去哪裡就去哪裡，想愛誰就愛誰，想過什麼樣的生活，就有能力實現。賺錢，不只是累積數字，更是為了創造美好體驗。

鐵蛋曾掛名推薦《別把你的錢留到死》，裡頭的核心思想就說：「別讓存錢變成人生唯一目標，反而忘了體驗人生的初衷。」

別讓「數字」遮住了你對生活的熱情。很多人每天盯著銀行餘額，看著存款慢慢增加，卻從來沒有拿這些錢去看看世界、陪陪家人、豐富自己的內在，最後帳戶裡有了一堆 0，但回過頭來，卻說不上有什麼難忘的故事。

書中反覆強調：「人生，就是各種體驗的總和。」

真正能帶走的，是那些「別人拿不走」的記憶片段，像是：

- **年輕時的獨旅與冒險**：迷路時的慌張、和陌生人意外變朋友、第一次看到雪時的傻笑——這些畫面，比任何高配息還要有溫度。
- **與家人的相處時光**：陪爸媽去泡溫泉、一起去吃某家老店，或者只是在陽台聊天，這些小片段，會在未來成為最暖的回憶。
- **和朋友瘋狂又歡樂的夜晚**：某次突如其來的夜衝、半夜找到一間好吃到想哭的滷肉飯、笑到飆淚的對話，這些都是在日後某個晚上，讓你嘴角上揚的原因。

理財不該是「捨不得花錢」，而是能讓你「想花就花，花得值得」，錢可以用來：

- **投資自己，從內到外都更強壯**：報名舞蹈課、健身教練課、出國學語言……這些讓你成長的體驗，回報的是氣質、健康與信心。
- **為愛的人創造故事**：幫爸媽過金婚、帶伴侶去夢想中

的景點慶祝紀念日，把「錢」換成「回憶」，比任何禮物都更動人。
- **探索世界，打破日常的框架**：就算只是個週末小旅行，換個城市、換個節奏，也能讓生活充電。

為什麼要適時犒賞自己？因為平衡感是必須的，若每天都只省、不花，就像馬拉松中不喝水，很快就撐不下去，偶爾的「小獎勵」，才能補充你繼續前進的能量。

犒賞自己會帶來動力，當你知道省下的錢會換來一趟想去的旅程、一份有意義的禮物，你自然會更願意落實投資與儲蓄的習慣。

犒賞自己能造就人生的完整性，我們賺錢是為了生活過得更豐富，而不是更空洞。帳戶裡的數字再多，也比不上一次讓自己熱淚盈眶的旅行或一頓家庭晚餐。

金錢，不只是用來存的，更是用來體驗生活的。走在理財這條路上，鐵蛋的金錢觀也慢慢變了，以前的我，旅遊時能省就省，住宿一定選最便宜的；餐費能壓就壓，或是兩餐變一餐，想著省下來的錢，可以買更多

紀念品或伴手禮，但回家才發現，那些旅行紀念品根本用不上，只是等著下一次斷捨離被丟掉；零食放著放著就過期，行李箱裝得很滿，回憶卻有點空。

現在的我，更懂得把錢花在對的地方，願意多花一點錢選擇好一點的旅宿，讓自己在旅行時真正能休息，而不是為了省幾百塊錢被吵得整夜睡不著，結果搞得比上班還累。美食該吃就吃，出國旅行我會品嘗當地的特色料理，不再每天吃超商果腹，畢竟誰想回來後懊悔「天啊，我去日本卻天天吃 7-11！」還有，體驗比紀念品更值得，我不再狂買紀念品，而是選擇報名一場體

> **鐵蛋心底話**
>
> 　　會存錢，也要會花錢。真正的富有，不只是帳面上的資產，而是你能照顧未來，也不虧待現在的自己。
>
> 　　別在最青春的時候只忙著壓抑慾望、省錢過日子，更別讓理財變成一場沒有顏色、沒有溫度的修行。
>
> 　　理財的終點，是你能笑著說：「我過得真不錯，錢讓我擁有了好多好棒的體驗。」

驗行程、參加 Day Tour、學一段當地文化。這些，才是能留在心裡、說得出口的回憶。

自我肯定 把理財變獎勵遊戲

理財，不該是一場痛苦的忍耐馬拉松，否則你早晚會爆炸，就像減肥一樣，壓力太大、方法太硬，反而讓你從心理上開始抗拒，越想壓抑，反彈越猛烈。

當存錢變成壓力，而不是目標，你很可能會陷入報復性消費的惡性循環，一個衝動，就把好不容易累積的成果全數花光，前功盡棄。設定「獎勵機制」，將讓理財更有動力與成就感，設定「存錢里程碑」，讓理財變成一場好玩的遊戲：

- **存到年度儲蓄目標**→獎勵自己一趟旅行，讓那些節省的錢轉化為珍貴回憶。
- **投資達標後**→買一件思考很久的物品，並提醒自己「這是我努力的成果！」
- **用股息請自己吃頓飯**→感受「錢真的開始幫我工作了」的踏實。

這些不是「獎勵花費」，而是理性消費下的情感肯定，當你發現，自己的資產真的在改變生活，存錢就不再是壓力，而是一種成就。

當你的資產開始產生穩定的現金流，不妨試試看用股息或利息來支付一些生活裡的享受性支出，用「被動收入」支付娛樂開銷，感受財務自由的滋味：

- **利息支付 Netflix 訂閱**：看劇時想著「這部劇，是銀行利息幫我付的咧！」
- **ETF 配息支付音樂會票或小旅行**：配息不只是帳面數字，它能讓生活更有感。
- **用股息請家人吃一頓高級料理**：這頓飯的味道，比以前任何一次都更香，因為它是「資產賺來的報酬」。

理財不等於延後幸福，而是學會同步前進。你不需要等到財務自由那天，才能開始享受生活，只要你願意學會有意識的消費，就能一邊累積資產，一邊過得有質感。

把存錢變成存出自己想要的生活，把投資變成投資

在更有價值的體驗上,那麼每一筆支出,都是在幫未來的你鋪路。

🧭 行動指南

年度財務健康檢查

- 選一個有紀念意義的日子(如生日、跨年),作為每年的「財務體檢日」。
- 填寫財務檢查表(如下頁圖表 18-3)
- 設定年度優化計畫:根據盤點結果,寫下 3 項立即可執行的行動,幫助你更快朝目標邁進。

圖表 18-3　年度財務健康檢查 Check List

檢查項目	已完成
1. 資產盤點	
清點所有帳戶現金（包含存款、外幣）	☐
清點所有投資資產（股票、ETF、基金）	☐
清點房地產、貴金屬及其他資產價值	☐
計算並記錄總資產	☐
2. 負債盤點	
信用卡債務	☐
房貸、車貸及其他貸款	☐
個人借款或其他債務	☐
計算並記錄總負債	☐
3. 淨資產計算（資產－負債）	
計算淨資產數額	☐
與去年比較淨資產增減幅度	☐
分析淨資產增減原因，記錄下來	☐
4. 收入分析	
統計今年所有收入來源	☐
與去年收入比較，檢視收入增減原因	☐
規劃明年的收入目標與行動	☐
5. 支出分析	
檢視過去 1 年支出明細	☐
找出 3 項最大或不必要支出項目	☐
設定明年的支出控制目標與計畫	☐

圖表 18-3　年度財務健康檢查 Check List

檢查項目	已完成
6. 投資績效檢討	
檢視並記錄所有投資的績效狀況	☐
針對績效不佳投資，檢討調整方案	☐
重新確認投資組合是否符合個人目標	☐
7. 緊急預備金檢查	
檢查緊急預備金存款餘額是否充足	☐
若不足，制訂補足計畫	☐
確認緊急預備金帳戶為獨立專用帳戶	☐
8. 保險規劃檢視	
檢視目前投保項目是否符合需求	☐
是否有重複或不足的保險項目需調整	☐
規劃明年的保險預算與項目	☐
9. 明年度財務目標設定	
明確設定短期（1年內）財務目標	☐
明確設定中期（1～5年內）財務目標	☐
明確設定長期（5年以上）財務目標	☐
制定明年度具體行動計畫	☐

19

鐵蛋的夢想板
讓宇宙聽見你的渴望

我一直深信《牧羊少年奇幻之旅》這本書中的一句話:「當你真心渴望某樣東西時,整個宇宙都會聯合起來,幫助你完成它。」無論是存錢、投資、創業,還是人生中其他的夢想,只要你足夠渴望、足夠相信,這個世界就會開始悄悄幫你鋪路,但前提是:你知道自己真正想要的是什麼。

如果今天不必考慮金錢,你最想過的是什麼樣的生活?是旅居世界,每年換一座城市生活?是與家人住在

陽光灑落的小屋裡，養貓、看書、做菜？還是創業、寫書、打造你真正熱愛的工作與人生？

很多人說想「財務自由」，但腦中沒有畫面，只模糊地認為「有錢就好」。沒有畫面，就沒有方向，沒有方向，再多努力也容易迷路——**這就是「夢想板」（Vision Board）存在的意義，讓夢想可視化，讓你每天都記得自己為了什麼而努力。**

為什麼夢想需要「看得見」？大多數人無法堅持，不是因為不夠努力，而是因為目標太模糊。比起空想「我想變有錢」，你需要的是一張每天看得見的夢想板。

想像看看，牆上貼著你理想的海景房照片，手機桌布顯示著你想要的存款數字，筆記本封面寫著：「你有多自律，就有多自由。」夢想板不只是一種激勵手段，而是指引方向的北極星。當你每天都看見目標，自然會朝著它調整生活節奏。

Vision 到 Action　鐵蛋親身經驗

自從開始經營自媒體後，鐵蛋讀了許多書，其中一

本特別紅的就是《秘密》，當時我才發現，這本書所說的「秘密」，其實就是著名的「吸引力法則」：你越明確地想像並相信一件事，它就越容易成真。這和夢想板的概念完全一致。

於是我決定親自實踐，把自己想達成的目標寫下來，製作成夢想板，並貼在房間最顯眼的牆上。每天早上起床經過時，我都會看一眼，甚至大聲唸出這些目標，提醒自己：「我一定能做到！」

一開始我覺得有點彆扭，然而很神奇地，牆上的每個目標逐漸從「想像」變成「現實」。從最初設定的月領股息目標，到淨資產數字突破，再到經營IG破萬粉絲、架設自己的網站，甚至最後成功出書，當這些過去看似遙遠的夢想，一個一個地變成現實時，我才意識到：「原來我的夢想並不是只能停留在腦海裡的幻想，而是能透過行動與明確的目標設定，一步步真實地實現！」

夢想板不僅是激勵話語，更是我每天生活的指南針，引領著我持續向前，現在回頭看，我非常慶幸當初相信自己，願意把夢想大膽地寫下來並且大聲說出來，

正是這些微小的行動，徹底改變了我的人生軌跡。

打造夢想板 具體描述目標

　　如何打造屬於你的夢想板？作法是把目標具象化，不要只是說「我想變有錢」，而是改成具體的描述：
- 我要在 35 歲前存到 1,000 萬元。
- 我每月想領 5 萬股息，自由生活。
- 我要辭職環遊世界，每年旅居 3 個城市。
- 我想擁有一間陽光書屋，養貓、寫書。

　　製作實體或電子版夢想板，可用 Canva、Pinterest、剪報貼圖等工具，素材包含：
- 圖片：房子、車子、旅行地、你嚮往的生活場景
- 數字：目標存款、被動收入、ETF 張數
- 激勵語：例如「我正在邁向財務自由！」

　　每天看一次夢想板，不是把它當裝飾，而是提醒自己：「今天的行動，是為了更靠近夢想。」每月月底要

快速檢視一次，確認進度：這個月的行動有沒有靠近目標？需要微調什麼？這會讓夢想不只是「看得到」，而是「走得到」。

允許作夢 從達成小目標開始

不過，很多人在製作夢想板時會產生一些心理阻力，例如覺得自己不配擁有夢想，或害怕做不到會丟臉。你可以從小目標開始，先允許自己勇敢做夢，感受達成小目標後的成就感，再慢慢調整更大的目標。

夢想板之所以能激發潛意識與行動力，跟心理學的「自我暗示效應」有關。人類大腦無法清楚分辨真實與想像，當你每天看著夢想板，大腦就會開始相信這是真的，從而驅動你去實現它。

當你在心中強烈專注某件事物時，腦神經科學的「網狀活化系統」（Reticular Activating System，RAS）使大腦自動過濾出相關的機會與訊息，進一步提高達成夢想的機率。

每天練習對自己說：「我正在變得更富有。」、「這

筆投資，是為了讓我更自由。」、「這次存下來的錢，會替我買回更多未來的選擇權。」說出來、寫下來、把這些句子貼在牆上，這些看似簡單的動作，會在你內心種下極強的行動種子。

思維轉變 人生也會轉變

你還記得《富爸爸，窮爸爸》這本書嗎？書裡的窮爸爸常掛在嘴邊的一句話是：「我買不起。」而富爸爸則會反過來問：「我要怎樣才能買得起？」

一個看似簡單的句子，卻反映出完全不同的人生態度。當你告訴自己：「我買不起」，大腦就停止了思考，夢想也隨之止步。但當你問自己：「我要如何才能做到？」你的大腦就開始主動運轉，去尋找方法、創造機會，最後，你的夢想才有可能從無到有，成為現實。

這兩種不同的想法，代表的不只是金錢的差距，而是思維方式與人生格局的本質差異。

當你開始對自己說：「我想要每個月有 5 萬元的股息收入。」你就會主動研究有哪些 ETF 殖利率高、股

息穩定，怎麼做資產配置最有效率、學習股息再投資的技巧。

當你說：「我未來想要成為一名旅人作家。」你就會開始規劃存錢的方法，想辦法開發收入來源，甚至設計出一套讓自己能擁有更多自由時間的生活方式。也就是說，你的思維模式決定了你的生活方式。

其實，大多數人並不是沒有能力去實現夢想，而是一開始就否定了自己，他們沒有去尋找實踐夢想的方法，而是找理由說服自己放棄夢想。這正是《富爸爸，窮爸爸》書中最大的啟發：**窮人的思維是自我限制，富人的思維則是探索可能性。**

每當你遇到困難、挫折時，試著先別急著說：「我做不到」，而是問問自己：「我要如何才能做到？」一次又一次地練習轉念，最終你會發現，真正限制你的從來不是外在環境，而是你內心的那道牆。

保持動力 夢想須長期堅持

理財也好、人生也罷，能否長期堅持是關鍵中的關

鍵。然而，每個人在追逐夢想的路上，難免會有感到疲憊的時刻，這時候，你需要的一些有效的方法，讓動力不會輕易消散。

定期舉行你的「夢想回顧日」

每個月設定一天（例如月底），拿出筆記本或打開電腦，靜下心來審視自己的夢想進度：這個月，你離夢想又靠近多少？有哪些行動做得很好？哪些還能再加強？未來一個月，需要調整什麼行動計畫？

透過這樣的定期回顧，你會看見自己明顯的進步軌跡，而不是茫然地在日復一日的生活裡迷失方向。

加入夢想社群，找到支持你的夥伴

一個人努力總是孤單且容易疲累的，找到志同道合的夥伴，能讓你的夢想之路走得更穩、更遠。你可以試著：加入相關主題的社群，例如理財、投資、創業或斜槓社團；找幾位值得信任的「夢想夥伴」，每週固定時間分享近況，互相鼓勵並檢視進度；參加工作坊、研討會或線下聚會，讓自己置身於充滿夢想能量的環境裡。

有了夥伴的支持與陪伴，你就會發現，即便遇到

挫折，身邊的人也會幫你打氣，讓你重新站起來繼續前進。

用文字或影像記錄夢想的實現歷程

別小看記錄這件事，它能讓你在低潮期清楚看到自己走過的路程與成長。你可以：開個專屬的「夢想手帳」，寫下你每一步的努力與成就；定期在社群或部落格上公開分享進度，除了激勵自己，也能鼓勵身邊其他正在努力的人；拍攝短片或拍照，讓這段旅程留下可供回味的美好紀念。

記錄的過程本身就是一種激勵，未來回頭看，你會發現原來自己走了這麼遠、成長了這麼多。

當夢想與現實衝突 保持彈性

人生不會一帆風順，追求夢想時，更是難免遭遇阻礙或挫折，這時候，與其硬碰硬，不如保持彈性，適時地做出調整。允許夢想隨著人生經歷而改變，因為人的夢想並非一成不變，或許年輕時你想環遊世界，但經歷多年後，你的夢想可能會變成和家人在田園裡過簡單生

活,這並不表示你放棄了夢想,而是你透過成長,發現了更適合自己的目標。

靈活調整你的夢想板,當現實條件不允許夢想一步到位時,不妨將夢想拆解為更小的階段性目標,一步一步達成,減少挫折感,保持長期堅持的能量。夢想本來就不是固執的強求,而是在追尋中逐步了解自己、找到最適合自己的生活方式。保持開放心態,你會發現,夢想和現實不是對立的,而是互相支持的存在。

築夢需要熱情與趣味 來點儀式感

許多人之所以無法長期堅持,是因為過程過於苦澀和單調,然而,追逐夢想本應是一場充滿熱情與趣味的旅程,別讓它變成一場痛苦的苦行僧修練。

慶祝達成階段性目標

每當你完成一個小目標,無論是存到人生的第一筆較大額的存款,或是第一次拿到股息,都別忘記給自己一個小小的慶祝。例如:去吃一頓美食、買一件嚮往已久的東西;安排一趟期待已久的小旅行,好好休息一

下,感受自己完成這個階段的快樂與滿足。

設立特別的夢想日

可以是你的生日、每年的跨年夜,或是完成特定目標的那一天,讓這些日子成為專屬於你的夢想慶典日。透過在這天舉行儀式,提醒自己這段追夢旅程是充滿喜悅和回饋的,而不是一味苦行。

寵愛自己,增加追夢樂趣

夢想達成之時,不一定要是巨大的慶功宴,可能是平日的小確幸,一杯香濃的咖啡、一本喜愛的書,或一堂充實的課程,讓你感受到這份堅持值得且豐富。長期追夢需要的不只是決心與毅力,更需要適時的鼓勵與享受,才能保持這份堅持的樂趣,讓你持續地向夢想靠近。

追求夢想不是一場苦難,而是一場探索自我、發掘生命意義的旅程。每一步堅持,每一次慶祝,每一天紀錄,都會累積成未來讓你驕傲的人生。

> **⚡ 行動指南**
>
> **打造你的夢想板**
>
> - 寫下你 1 年內最想實現的 3 個財務或生活目標。
> - 蒐集相關圖片與語錄製作成夢想板。
> - 每天觀想達成目標的感覺,每月回顧進度。

20

不經一番煎熬苦
焉得鐵蛋撲鼻香

「不經一番煎熬苦,焉得鐵蛋撲鼻香。」這句話,是我的人生信念,也是我從負債 75 萬到累積超過 300 萬淨資產,一路走來最深刻的體會。

你手中這本書,不只是一本理財筆記,更是一段真實、跌跌撞撞卻又一步步踏實前進的財務旅程記錄。這一路上,我沒有靠家裡、沒有偏財運,更沒有突然中樂透發大財。鐵蛋靠的是每天的自律、堅持,以及持續不斷學習與行動的決心,才一步步走到了現在。

如果你願意讀到這裡，我相信你對「財務自由」一定也抱有著期待與憧憬。也許你現在還在為薪水不夠多而煩惱，也許你仍因帳單繳不完而感到焦慮，但請相信，你不需要出生在富裕家庭，也不需要成為投資天才，更不用等待奇蹟般的運氣，才能過上你理想中的自由生活。

真正能決定你未來財務狀況的，其實只有兩件事：你是否願意踏出行動的第一步？你是否願意堅持下去，直到看見成果？

財務自由這條路的確沒有捷徑，但每一個人，只要願意一步一步地往前走，都能走到屬於自己的終點。

財務自由 一切辛苦都值得

你或許會問：「財務自由真的值得這麼辛苦、這麼努力去追求嗎？」鐵蛋很堅定地告訴你，當你真正擁有選擇權時，你會發現，這一切都值得。

當你不再為了錢，勉強自己做不喜歡的事；當你擁有更多的時間，去陪伴家人或完成夢想；當你終於能夠安心地休息，而不必每天醒來第一件事就想「錢夠不

夠？」那一刻，你會發現，所有的努力、所有曾經的自律行動，都成了你最感謝自己的理由。

財務自由並不是帳戶裡的數字，而是你能夠選擇自己想過的人生方式。那種自由、輕鬆與安心，才是真正值得你投入心力去追求的東西。

想，都是問題；做，才有答案。很多人嚮往財務自由，但總是在想，從不真正行動。希望未來可以安心退休、自由生活，卻總對自己說：「等下個月再開始存吧。」我們想要退休後環遊世界，卻總對自己說：「等市場好一點再開始投資吧。」

「等待」永遠不會讓事情變得更容易，只有「行動」才能帶你真正接近目標，只要你願意開始，就一定會抵達，前提是你必須願意踏出行動的第一步。如果你還在猶豫「等有錢再開始投資」，10 年後，你可能仍站在原地，重複說著同樣的話，但如果你現在就行動，即使每個月只存下 3,000 元，或先從一本書、一支影片學起，未來的你將無比感謝今天做了這個決定的自己。

當你選擇安逸，未來的日子或許會變得更加艱難；

當你願意接受挑戰，未來的日子反而可能更輕鬆自在。

開始行動 讓自律帶給你自由

　　回頭看還債的那些日子，鐵蛋必須說，當時真的很累：白天朝九晚五上班，晚上下班後再兼差跑外送，每天被工作塞滿，但我非常慶幸當時的自己沒有選擇逃避。如果當初沒有下定決心改變，現在的我可能仍舊還在債務壓力中，依舊無法自由選擇想要的生活方式。

　　財務自由，從來不是靠運氣，也不是短暫衝刺就能達成，它是每一天踏踏實實累積的成果：今天開始記帳，1年後，你更清楚錢去哪裡，也存下了更多存款；今天開始存錢，5年後，你的資產足夠提供一份安心的被動收入；今天開始投資，10年後，你可能已經擁有更多選擇權，不再被金錢問題所困擾。你現在所做的每一個小決定，都正在塑造未來的自己。

　　相信很多人讀完這本書，心裡還是會猶豫「這真的適合我嗎？我真的做得到嗎？」老實說，沒有人能保證你一定成功，所有改變的契機，都必須從你願意踏出

「行動」的第一步開始。

回想當初我還深陷負債泥淖時,每天也經常焦慮、懷疑,總是不確定自己到底能不能做到,但如今再回頭看,我無比慶幸自己當時沒有只停留在「想」的階段,而是真的去做了。就算一開始跌跌撞撞,甚至偶爾出錯,但只要願意行動,你就會發現自己離目標越來越近。

不知道該怎麼開始?執行 3 個行動,立刻帶你起步:

1. 設定清楚明確的財務目標

靜下來問問自己到底想過什麼樣的生活,是希望每個月的股息能支付日常開銷?還是想要存夠退休金,提早退休、不再受制於工作?亦或是存到一筆錢後展開夢寐以求的旅居生活?

目標越具體明確,你的行動就越能有效率且朝正確方向前進,因為只有清楚知道「自己到底要去哪裡」,你才知道接下來該做什麼。

2. 從記帳與存錢開始培養理財肌肉

記帳的目的,不是要苛責自己花了多少錢,而是幫你清楚看見金錢的流向。你會發現,原來咖啡錢累積起

來這麼可觀；原來「無意識」的衝動消費才是你錢包的最大破洞；原來只要稍微調整，就能多存下一筆不小的金額。

存錢，不需要一開始就存很多，重點是養成習慣。就像運動，你不會一開始就能跑馬拉松，但只要每天堅持 10 分鐘，日積月累，身體自然會變強壯。存錢就是如此，從每個月存下一點點開始，慢慢你就會發現財務狀況真的開始轉變了。

3. 現在就開始小額投資，別等待完美時機

別再等待所謂「準備好」的完美時機，因為市場從來不會等待任何人。你不必立刻成為專業投資人，也不需要龐大資金才能入場，現在就開始用小額資金定期定額買進 ETF 或其他穩健的投資標的，讓錢替你工作。

或許起步之初，每個月投入 3,000 元、5,000 元看起來並不多，但隨著時間拉長，你會看到複利效應如何慢慢讓資產茁壯。

只要你真的開始實踐這 3 個步驟，就能感受到生活漸漸產生微妙但重要的轉變，錢不再只是賺來用掉，而

是慢慢變成能替你創造更大可能性的工具。

失去 反而讓我獲得更多

我一直相信自己是個幸運的人。也許你會覺得很奇怪，畢竟我曾經因為投資失利，賠掉了上百萬元，這似乎看起來很不幸，但從今天回頭看，那次昂貴的教訓，反而成為了人生最寶貴的轉折點，讓我重新學習、成長，走上更穩健、更成熟的財務自由之路。轉念，是我的超能力：失去，反而讓我獲得更多。

如果你正在經歷挫折，請記住：失去，並不代表結束，往往只是新的開始。面對挫折時，你永遠有兩種選擇：抱怨自己運氣不好，覺得人生不公平；或者，試著轉念，把挫折當成讓自己更強大的養分。

想像一下：如果當初我因為虧損就自暴自棄、逃避投資，那今天的我可能仍舊每天被金錢焦慮困擾，甚至不敢再談投資。

但我選擇了轉念，把失敗的經驗當成寶貴的學費，從頭再來。而正因為這個轉念，才讓我建立了 IG 上的

「鐵蛋存錢日記」、才有機會出版這本書,更有機會正面影響更多人的人生。

　　記住,人生不該自我設限,更不該拿別人的想法框住自己,你永遠有能力決定,如何面對人生中的各種挑戰,只要你願意轉念,人生就會充滿無限可能。

回望理財之路 從白煮蛋到鐵蛋

　　回想剛踏上這條理財之路時,我只是一顆再普通不過的「白煮蛋」:沒有味道,人生平淡且無聊。當時的我從沒想過,有一天這顆普通的蛋,會被經歷與挫折熬煮成堅韌的「鐵蛋」,能夠穩穩抵抗生活種種考驗,走出屬於自己的理財之路。

　　老實說,鐵蛋並不特別,只是一個平凡的文組女生而已。我之所以能做到,僅僅是因為我願意去做一些「你也做得到」的事情:我願意走出舒適圈,勇敢與自己的負債直球對決;我願意不斷地學習理財知識,從錯誤中成長,而不是逃避;我找到了「投資理財」與「享受生活」之間最適合我的平衡點。

最後，我真心希望透過這本書，你能清楚看見，每一個人都有能力從「白煮蛋」慢慢變成堅韌的「鐵蛋」。生活或許很苦，但只要你願意堅持、行動，它會變得很甘美。只要你不躺平、不輕易放棄，命運終究會被你一步一步打磨出亮眼的光彩，為你開創出屬於自己的「鐵打人生」。

> **鐵蛋心底話**
>
> 　　學會轉念，是我面對生活風浪最大的超能力。
>
> 　　過去的我總是執著於已經失去的，焦慮於無法掌控的，直到我明白——人生有太多無法改變的事，與其消耗心力在這些事情上，不如坦然接受、勇敢放下，把力氣留給那些自己真正能掌控、真正能帶來改變的地方。
>
> 　　當你願意轉念的那一刻，人生就有了新的可能。別忘了，人生雖難，但你絕對可以鐵打不爛。

你的故事 才正要開始

謝謝你一路讀到這裡，隨著這本書進入尾聲，你的

人生故事才正要翻開全新的篇章。

或許此刻的你，心中仍有不少疑惑，正在苦惱如何存下人生第一筆資金；正在努力擺脫沉重的債務，只希望生活能重新站穩；已經踏上投資之路，卻還在尋找最適合自己的方式。

無論你正處於哪一個階段，請相信：理財這條路，從來沒有所謂「最佳時機」，最好的時機，永遠就是現在。別再猶豫了，因為**今天的你，是過去 5 年所有選擇的總和；5 年後的你，也將取決於現在每一個微小的行動。**

願你在接下來的人生旅途中，不只是追求財務自由，更活出內心真正嚮往的樣子；願你不再為金錢所困，不再被焦慮綁架，而是真正擁有選擇權，自在地過著自己想要的人生。從今天起，相信自己可以做到，因為你的故事，才正要展開。

最後，真心謝謝你陪著鐵蛋回顧這段精彩的旅程，我在下一站，期待再度與你相遇。

給理財小白的翻身筆記

2 年從負債 75 萬到資產 300 萬，ETF 讓我走在財務自由路上

作者：鐵蛋

總編輯：張國蓮
副總編輯：李文瑜
資深編輯：袁于善
責任編輯：林倚安
美術設計：謝仲青

董事長：李岳能
發行：金尉股份有限公司
地址：新北市板橋區文化路一段 268 號 20 樓之 2
傳真：02-2258-5366
讀者信箱：moneyservice@cmoney.com.tw
網址：money.cmoney.tw
客服 Line@：@m22585366

製版印刷：緯峰印刷股份有限公司
總經銷：聯合發行股份有限公司

初版 1 刷：2025 年 7 月
初版 4 刷：2025 年 9 月

定價：400 元
版權所有 翻印必究
Printed in Taiwan

國家圖書館出版品預行編目（CIP）資料

給理財小白的翻身筆記:2年從負債75萬到資產300萬,ETF讓我走在財務自由路上/鐵蛋著. -- 初版. -- 新北市:金尉股份有限公司, 2025.07
　面；　公分
ISBN 978-626-7549-28-5(平裝)

1.CST: 個人理財 2.CST: 財務管理 3.CST: 投資

563　　　　　　　　　　　　　　　114008915